Sammlung Luchterhand 838

Über dieses Buch: »Mir gefällt Schlichtheit. Ich mag keine Posen. Das einfache, allen Menschen verständliche Wort, das zur einfachen menschlichen Handlung gehört, das ist es, was mich berührt«, hat Eva Strittmatter einmal geäußert. Und: »Mir schwebte von Anfang an so etwas für meine Gedichte vor: Ich wollte eine Synthese bekommen von intellektueller Grundhaltung und einer Simplizität, wie sie Volkslieder haben.«

1973 erschien ihr erster Gedichtband in der DDR, »Ich mach ein Lied aus Stille«, mit einem für Lyrik auch in der DDR ganz außergewöhnlichen Erfolg: In sieben Auflagen wurden 85 000 Exemplare verkauft. Bis 1988 folgten sechs weitere, teilweise noch auflagenstärkere Gedichtsammlungen Eva Strittmatters, die heute wohl die bekannteste Lyrikerin in der DDR ist. Der vorliegende Band enthält eine in Zusammenarbeit mit der Autorin erstellte repräsentative Auswahl ihrer Gedichte.

»Aufschreckend genaue Beobachtungen aus eines Lebens Mitte«, so schrieb Hermann Kant einmal über diese Gedichte, »Wortfassungen von Gefühlen, die auch uns begleiten und bedrängen – bedrängten, weil wir bislang noch keine Namen für sie hatten; Dankinschriften für ferne Freunde und entlegene Freuden; fuchsteufelswilde Zornausbrüche, gerade noch durch den Reim gebändigt, und Liebessprüche, an denen nur ärgert, daß sie uns nicht meinen; Mutbeweise, Verstandeszeugnisse, schönste Lebenszeichen – Kunstwerke.«

Über die Autorin: Eva Strittmatter, 1930 in Neuruppin geboren, lebt in Dollgow und Berlin/DDR, verheiratet mit Erwin Strittmatter. Nach dem Studium Germanistik, Romanistik und Pädagogik in Berlin zunächst freiberufliche Kritikerin und Lektorin. 1959 veröffentlichte sie das erste von bisher sechs Kinderbüchern. Seit 1966 Gedichtveröffentlichungen in Zeitschriften. 1973 erster Lyrikband, »Ich mach ein Lied aus Stille«; bis 1988 sechs weitere Sammelbände. Heinrich-Heine-Preis 1975.

Eva Strittmatter

Die heimliche Freiheit der Einsamkeit

Gedichte

Luchterhand
Literaturverlag

Originalausgabe
Sammlung Luchterhand, Mai 1989
Lektorat: Rosemarie Still
Luchterhand Literaturverlag GmbH, Frankfurt am Main, 1989. Lizenzausgabe mit Genehmigung des Aufbau-Verlages, Berlin und Weimar. Der Band enthält eine in Zusammenarbeit mit der Autorin erstellte Auswahl aus den Bänden »Ich mach ein Lied aus Stille« (1973), »Mondschnee liegt auf den Wiesen« (1975), »Die eine Rose überwältigt alles« (1977), »Zwiegespräch« (1980), »Heliotrop« (1983), »Atem« (1988); alle Aufbau-Verlag, Berlin und Weimar. Umschlagentwurf: Max Bartholl, Umschlagfoto: Roger Melis. Satz: Uhl + Massopust, Aalen. Druck und Bindung: Wagner, Nördlingen. Printed in Germany
ISBN 3-630-61838-3

Ich mach ein Lied aus Stille

Widmung

Ich würde gerne etwas sagen,
Was *dir* gerecht wird und genügt.
Du hast mich, wie ich bin, ertragen
Und mir, was fehlte, zugefügt.

Es ist nicht leicht, mit mir zu leben.
Und oft war ich dir ungerecht.
Und nie hab ich mich ganz ergeben.
Du hattest auf ein Ganzes Recht.

Doch ich hab viel für mich behalten.
Und dich ließ ich mit dir allein.
Und du halfst mir, mich zu gestalten
Und: gegen dich *mir* treu zu sein.

Beichte

Immer die gleiche Rose.
Immer das gleiche Gesicht.
Unterm wechelnden Monde.
Unterm wechselnden Licht.

Immer die gleiche Tollheit.
Immer der gleiche Traum.
Immer noch keine Weisheit.
Immer noch nicht: wie ein Baum.

Porträt

Meine Großmutter (die schöne)
Hab ich wie ein Bild gekannt.
Sie hatte (wie ich) viele Söhne.
Im Heusommer war sie holzbraun gebrannt.
Sie hatte Adleraugen
Und hatte Gier im Blut
Auf Leute und auf Leben.
Und überdrauf war sie
Gut.

Rotdorn

Rotdorn meiner Kinderjahre.
Unterm roten Rotdorndach
Bin ich ein und aus gegangen.
Und der Rotdorn ging mir nach.
Roter Rotdorn meiner Kindheit.
Straßenbaum der kleinen Stadt,
Die ich liebte, die mich liebte,
Die mich aufgezogen hat.

Ich

Noch hab ich nicht begonnen.
Noch arbeite ich ab,
Was ich mir im ersten Leben
Aufgelastet hab.
Noch gehn meine Gedanken
Nur selten aus dem Haus.
Bin wie die alten Landfraun.
(Die zogen die Schürze nie aus.)
Noch sind meine Worte simpel.
Von Sorge und Liebe schwer.
Noch fehlt ihnen das Leichte.
In Holzschuhn kommen sie her.
Ich lebe wie meine Mütter,
Die Häuslerinnen, gelebt.
(Nur kannten sie keine Bücher
Und haben gestrickt und gewebt.)
Ich war ganz anders entworfen.
Hab einst Ästhetik studiert.
(Komisch: wie leicht man im Leben,
Was man nicht braucht, verliert.)
Lebt man bei Bächen und Bäumen,
Wohnt zwischen Wurzel und Wind,
Verlangt man selbst von den Träumen,
Daß sie faßbar sind.

Mark

Mich rühren die sandigen Wege
Im alten sandigen Land.
Die Heckenrosengehege.
Die Holderbüsche am Rand
Der alten Felderraine.
Die Gräser reden mir da
Von Zeiten, die warn noch nicht meine,
Als ich das Früheste sah:
Die Gräser. Und hörte die Lerche.
Und roch dieser Sande Geruch.
Seither schlepp ich diese Erde
Mit mir als Segen und Fluch.
Ich muß diesen Sand verwandeln,
Bis er schmilzt und Wort wird in mir.
Diese Erde läßt nicht mit sich handeln.
Ich komm nicht umsonst aus ihr.

Vor einem Winter

Ich mach ein Lied aus Stille
Und aus Septemberlicht.
Das Schweigen einer Grille
Geht ein in mein Gedicht.

Der See und die Libelle.
Das Vogelbeerenrot.
Die Arbeit einer Quelle.
Der Herbstgeruch von Brot.

Der Bäume Tod und Träne.
Der schwarze Rabenschrei.
Der Orgelflug der Schwäne.
Was es auch immer sei,

Das über uns die Räume
Aufreißt und riesig macht
Und fällt in unsre Träume
In einer finstren Nacht.

Ich mach ein Lied aus Stille.
Ich mach ein Lied aus Licht.
So geh ich in den Winter.
Und so vergeh ich nicht.

Rastlos

Ich gehe in den Garten zu den Grillen.
Der große Mond ist da. Sternvogelflaum.
Ich schwing mich auf die Schaukel, und im Schwunge
Häng ich den Mond in unsern Apfelbaum.
Da zwing ich ihn, für mich zu hüpfen.
Ich schaukle mich und schau ihm zu.
Ich bin sehr groß. Ich laß ihn hüpfen.
Für zwei Minuten hab ich Ruh.

Rätsel I

Ich sage, ich liebe dich,
Und ich sage, der Mond wärmt mich,
Und ich sage, der Regen steigt,
Und ich sage, wer spricht, der schweigt,
Und ich sage, was fragst du mich,
Und ich sage, ich liebe dich.

Freiheit

Ich kann dich lieben oder hassen –
Ganz wie du willst. (Kann dich auch lassen.)
Und du kannst schweigen oder sprechen.
Ganz wie du willst. Daran zerbrechen
Werd ich nicht mehr. (Ich kann auch gehn.)
Ganz wie ich will, wird es geschehn.

Bitte

Laßt mir das Silberfingerkraut.
Laßt mir den Hasenklee.
Laßt mir den kleinen Lerchenlaut.
Laßt mir den Liliensee.
Laßt mir den Sandweg durch die Heide.
Die Kiefer und den Birkenbaum.
Braucht ihr nicht manches Mal auch beide,
Die Weltstadt und den Weltenraum?

Wieder September

Ikonenfarben: Blauer Himmel
Und Apfelrot im grünen Baum.
Davor ikonenecht: ein Schimmel.
Der grast und lebt. Hat keinen Zaum
Und keinen Recken zu ertragen.
Kein Krieg um Gott zwingt ihn zum Stolz.
Septembertag, mit Gold beschlagen.
Und wie gemalt auf altes Holz.

November I

Die Blätter fallen so wie Vögel fliegen.
Sie schwärmen aus. Doch kehrn sie nicht zurück.
So fällt die Zeit von uns: Wir unterliegen.
Und merken spät: Auch wir sind zu besiegen.
Da strecken wir uns in der Stille noch ein Stück.

November II

Zwei letzte
Knospen hat der Rosenstrauch.
Die ersten
Rosenfrüchte leuchten wie
Kleine Winterfeuer auf.

Johanniskraut

Johanniskraut. Johanniskraut.
Ich kenne einen. Der heißt John.
Wär er von hier und hieß Johann.
Käme ich nicht davon.

Blinder Tag

Flughafen. Herbst. Ein Regenmorgen.
Und eine fremde Liebe. Grau.
Ein blinder Tag. Und graue Tränen.
Zu jung der Mann. Zu alt die Frau.

Seerose

Mein Freund, ich hätte Sie lieben sollen.
Leichter wäre der Sommer zu tragen.
Mondsee Seerose Rosenlicht.
So habe ich um niemand zu klagen.

García Lorca

Lieben und den Leib nicht finden.
Weinen und nicht wissen, über wen.

Die Taube die Taube die Taube.
Das zweigeschlechtliche Blut.
Die brennende Brust im Gefieder.
Die bitterste, süßeste Glut.
Von solchem Segen verflucht sein.
Von solcher Gnade verdammt.
Von Engel und Teufel versucht sein.
Von wem und wozu so entflammt.
Und singend sich retten und wandeln
Die Wirrsal in reinen Gesang.
Gerecht wie ein Gott zu handeln.
Als wär man am Leben nicht krank.
Wer so sein Ich umgeschichtet.
Wer so sein Geschick widerrief.
Der wird groß aufgerichtet.
Der wächst und wurzelt tief.
Die Taube die Taube die Taube.
Die wurde ein Taubenbaum.
Die eine fiel Häschern zum Raube.
Die andre flog auf in den Raum
Und flog hinaus in die Zeiten
Und nieder in unser Lied.
Und wird uns wieder entgleiten,
Wenn irgendein Dunkel geschieht,

Das wir nicht wandeln ins Lichte
Mit aller Leidensgewalt.
Und wenn in unserm Gedichte
Sich trennen Gefühl und Gestalt.
Die Taube die Taube die Taube.
Kein Grab und drüber kein Baum.
Doch rauschen mit grünestem Laube
Ihm Lieder, Legende und Traum.

An die Freunde

Denkt Ihr noch der Tiere von *Suchumi*?
All der klugen Kühe auf dem Weg
Unter unserm Traubengarten?
Und der Schweine auf dem Steg,
Der hinauf zum Himmel führte
(Und hin zur *Stolowaja,*
Wo wir Brot und Fisch einkauften)?
Was für Feste gab es da:
Abende, von Duft durchdrungen.
Nächte, isabellensüß.
Worte, Wind- und Wellenzungen.
Und wie jener Winkel hieß,
Wo wir warn am ersten Tage,
Aufgerührt vom ersten Wein
Und vom ersten Schuß *Adschika*
Durchgebrannt bis auf das Bein –
Wißt Ihr ihn und was wir hatten?
Was wir hatten unbegehrt?
Schweres Licht und leichten Schatten.
Und die Zeit erst halb verzehrt.

Mai

Ein grüner Tag. Und Mai. Und Rußland.
Und schon in Moskau fing es an:
Im grünsten Grün Milliarden Sonnen:
Die gelbe Blume Löwenzahn.
Hinauf nach Norden. Puschkins Wege.
Tannen und Birken. Ernstes Land.
Vielleicht war's hier (auf holznem Stege),
Wo Puschkin seine Sprache fand,
In der man sagt: das Gras ist grün.
Und sagen kann: die Blumen blühn.

Puschkin. Erinnerung an Kazbegi

Und Gletscherkühle trifft mich wieder...
Quellwasser vom Kazbek weckt mich.
Im Terek treiben Puschkins Lieder.
Der Terek rauscht...
Er aber sitzt im Birkenhain unterm Kazbek.
Bronzeerstarrt. Verstaubt. Und lauscht
Dem Knarrn der Karren und dem heißen
Gespräch der Hirten, die jetzt bergwärts ziehn
Und sich im Herbst, im weißen
Mittag, gespensterstumm nach Norden mühn.
Millionen Schafe. Arbas. Autos.
(Tausend im Tag. Lang nicht mehr neu.)
Gehn und Vergehn. Es bleibt der Gletscher.
Und: Einst zog *Puschkin*
Hier vorbei.

Mein Dorf

Mein melancholisches Zimmer.
Mein sentimentales Dorf.
Die sandigen Wege. Die Wiesen.
Die Tannen. Die Tümpel. Der Torf.
In grünen Schlünden schläft es.
Unterm Wiesenmulm atmet Morast.
Da findest du nie wieder,
Was du verloren hast...
Hierher bin ich gekommen.
Von hier geh ich hinaus.
Am Wegrand wacht die Distel.
In der Wiese wartet das Haus.

Vor einem Herbst

Im Herbst soll einer auf mich warten.
Er soll so warten, daß ich kommen muß.
In einem gelben alten Garten.
Kurz vor dem Winter. Kurz vorm Schluß
Von allem. In der Weile,
Die zwischen Schnee und Regen bleibt.
Da suche ich die eine Zeile,
Die man vielleicht im Leben schreibt.

Überfluß

Das Lächeln, das den andern meinte,
Nicht uns und unsre Eitelkeit,
Die Träne, die dem andern weinte,
Nicht unserer Vergänglichkeit,
Die Stunde, die wir andre hörten,
(Das kleine Wenig mehr als Muß)
Die Ruhe, die wir uns zerstörten,
Das war des Lebens *Überfluß*.

Bilanz

Wir alle haben viel verloren.
Täusche dich nicht: auch ich und du.
Weltoffen wurden wir geboren.
Jetzt halten wir die Türen zu
Vor dem und jenem. Zwischen Schränken
Voll Kunststoffzeug und Staubkaffee
Lügen wir, um uns nicht zu kränken.
Und draußen fällt der erste Schnee...
Wir fragen kalt, die wir einst kannten:
Was machst denn du, und was macht der?
Und wie wir in der Jugend brannten...
Jetzt glühn wir anders. So nie mehr.

Mondschnee liegt auf den Wiesen

Ewigkeit

Alles läuft schließlich darauf hinaus,
Daß man die richtigen Worte findet.
Und was spricht man mit diesen Worten aus?
Was uns mit anderen Menschen verbindet.

Würden nicht andre empfinden wie ich,
Ließe ich mein Bemühen wohl bleiben.
Früher schien mir, ich schriebe für mich.
Jetzt will ich für die anderen schreiben.

Und so, daß es übersetzbar ist
In jede beliebige Erdensprache
Und daß, wer es liest, mich niemals vergißt.
Ich schreibe von der einfachen Sache:

Geburt und Tod und der Zwischenzeit,
Von unserm schmerzlich befristeten Leben,
Das wir zu einer Art Ewigkeit
Durch unser Eingehn in andre erheben.

Wovon mein Lied stammt

Das ist zum Beispiel mein Amt:
Die Waschbecken scheuern,
Die Wäsche erneuern,
Den Herd befeuern,
An Ungeheuern
Vorübersteuern
Und lächelnden Mundes
Liebe beteuern.
Das ist es, wovon mein Lied stammt.

Mondschnee

Mondschnee liegt auf den Wiesen,
Wie ich von dir geh.
Wir lieben uns schon lange.
Nicht seit dem letzten Schnee.
Doch immer, wenn ich zu dir komm,
Wird mir noch so:
Ich weiß nicht, wer ich bin und wo,
Bin traurig und bin überfroh.
(Teils heidnisch und teils fromm.)

Traum I

Mir träumte, ich sollte noch einmal
Sein in der Sonne am See.
Und sicher wäre mir Liebe.
Sicher wie Regen und Schnee.
Noch einmal würde ich schmecken
Licht und Luft.
Und wüßte nichts vom Leben.
Doch alles von seinem Duft.

Selbstkritik

Ich bin in schlechter Verfassung:
Kein begründetes Lebensprogramm.
Tägliche Unterlassung:
Der Wolf verschlingt das Lamm.
Das Problem ist: In mir sind beide,
Ich bin sowohl dies als das:
Das Schaf auf seiner Weide
Und der Wolf mit seinem Haß.

In einem anderen Land

Das war alles.
Und ist vorüber.
Eine Narbe bleibt:
Wann? Und wo?
Begonnene Brücken aus Lächeln
Versteinern *so*.
Nicht wahr gewordene Worte.
Das Wenden der leeren Hand.
An einem anderen Orte.
In einem anderen Land.
Poesie der Aerodrome.
Check-out um zehn Uhr zehn.
Und das präzeitliche Verlangen:
Einander wiederzusehn.

Vorfrühling im Vorwerk

Kinderglück: Schaukeln hinter der Scheune.
Die Schaukel im Nußbaum. Sonne. Geruch
Neuer, teerölgetränkter Holzzäune.
Das Krähen der Hähne. Erster Versuch
Der Drossel, ihre Stimme zu üben,
In der nackten Weide am kahlen Bach.
Gestern kam sie von irgendwo drüben
Über dem Meer. Und ist heut noch schwach.
Die Stare sind schon länger zulande.
Noch sind sie willkommen: Frühling wird sein!
Im Sommer falln sie als Räuberbande,
Verfolgt und verwünscht, in die Kirschgärten ein.
An der Mauer gibt es schon Huflattichblüten.
Indianerzwiebeln fahrn Lauchlanzen aus.
Genetischer Code in Säcken und Tüten
Wartet auf Wärme im sicheren Haus.
Gesträuch wird verbrannt. Die Schwelfeuer bittern
Den aus Südosten wehenden Wind.
Durchs staubgraue Gras bricht ein Hitzezittern.
Da sieht man, daß es zu grünen beginnt.
Und alle im Vorwerk sind noch am Leben.
Dieser Winter hat uns keinen genommen.
Und es hat keine Feindschaft gegeben.
Der Nachbar ist zum Nachbarn gekommen.
Ein fröhlicher März! Motorsägen schreien
Bis in die Dämmrung, wenn der Kranich heimschreit.
Den Wald wird man bald vom Sturmbruch befreien.
Und alles im Umbruch: Vorfrühlingszeit.

SOS

Vielleicht ist es nur die übliche
Novemberniederung.
Das Willnichtwas und Weißnichtwas.
Das Fehlen von Lust und Schwung.
Das maskiert sich als Krankheit und Todesfurcht
Und flüstert Ende Ende …
Vielleicht genügt ein Sonnentag
Wie immer für die Wende …
Hang-over von der Finsternis.
Vom Regen Übelkeit.
Liebe und Worte ungewiß
Im Pazifik der Zeit.
Tsunamiwoge Widersinn.
Auf Grund geschleudert: ich.
Bedeutungslos. *Ich bin ich bin.*
Funkspruch von mir an mich.

Licht

Manchmal trifft man einen, der ist wie ein Licht.
Und man trifft ihn nicht zweimal im Leben.
Und man weiß. Nur *einmal* dieses Gesicht.
Und man denkt: Das darf es nicht geben,
Daß man einen Menschen verlor,
Ehe man ihn gefunden,
Und kein *Danach* und kein *Davor*...
Dieses Licht ist für immer entschwunden.
Geheimer Speicher Erinnerung,
Empfangs- und Sendezentrale:
In einer anderen Dämmerung
Verwandelt er die Signale,
Die auf uns gekommen von einem Gesicht,
Das wir nur einmal gesehen,
Zurück in Wärme und in Licht.
Und das hilft uns die Nacht überstehen.

Legende

Irgendwo hab ich gelesen,
Daß man in einer Stadt
Sehr alte hölzerne Häuser
Abgerissen hat.

Aus dem alten Holz baut man Geigen,
Die sollen besonders klingen.
Das ist sicher chemisch zu klären.
Ich denke aber, sie singen

Von lange vergangenem Leben,
Das ist in das Holz eingedrungen
Und mit unregistrierbarer Schwingung
Bis heute herübergeklungen.

Wird die Geige gespielt, hört man Töne,
Die nicht in den Noten stehen.
Es ist, als ob die Verstummten
Summend vorübergehen.

Das ist eine schöne Legende.
Und ich träume: in meinem Gedicht
Soll immer etwas mitklingen,
Was für die Stimmlosen spricht.

Freundschaft

Freunde sind mir, mit denen ich
Essen und trinken und reden kann.
Die mich in meiner Küche kennen,
Und denen ich sage: Komm, setz dich ran.
(Keine Probleme und Komplikationen:
Wie füttert man den? Ist der Schnaps gut genug?)
Mit denen gemeinsam ich in den Jahren
Meine und ihre Lasten abtrug:
Krankheit der Kinder und Weltüberdruß.
Mit denen ich die Nächte zerrede.
Und doch kommt es niemals zu einem Schluß.
Das kann auch über Fernen bestehen.
Auch wenn man sich lange Zeit nicht sieht:
Halten wir nur aneinander fest,
Was immer sonst auch mit uns geschieht.
Freundschaften sind wie Abenteuer,
An die man sein ganzes Leben setzt.
Versagt man oder wird man verraten,
Hat man sich mehr als die Haut verletzt.

Vogelzüge

Immer sind die Vogelzüge
Das Signal für Änderungen.
Unser sanft ziviles Leben:
Atavistisch wirds durchdrungen
Von dem Wanderschrei der Vögel,
Der uns heißt: zu fliehn, zu fliehn.
Südwärts, südwärts! Über Grenzen.
Hin zu Wärme, Duft und Grün.
Aber lenzlich kehrt es wieder.
Nordwärts, nordwärts! geht der Schrei.
Frühlingshoch, beglänzt von Sonne,
Pfeilt der Kranichkeil vorbei.

Nun, wir sind daheim geblieben.
Frei von Not. Jedoch gestreift
Von dem Wanderschrei der Vögel,
Der uns, doch wieso? ergreift.
Weil wir wissen, es wird Winter,
Wenn die Vögel südwärts fliehn?
Weil wir fühlen, es wird Frühling,
Wenn sie wieder nordwärts ziehn?
Oder weil sie sich bewegen,
Und wir sind von Pflicht gebannt?
Grenzenloses Reich der Lüfte
Über dem begrenzten Land . . .

Rätselvolle Vogelzüge:
Jahr für Jahr die gleiche Schneise
Durch das All. Noch unerkannt:
Sind sie, die da fliegen, weise
Oder eine Art Maschinen,
Die selbstregulierend gleiten?
Wie auch immer: *uns* verkünden
Sie den Wechsel der Gezeiten.

Paar Worte

Die milde Gabe eines Grußes ging mir heute
Aus einem fernen Lande zu: Man denkt an mich!
Wie ich mich über die paar Worte freute,
Die seltsam traurig warn. Ich dachte, ich
Nur könnte nicht vergessen.
Was einmal war, lebt in mir fort.
Ich bin erinnerungsbesessen.
Niemals vergesse ich den Ort,
Die Stunde und das Licht.
Was einmal einer zu mir spricht,
Bewahre ich wie ein Vermächtnis.
Ich leb mit furchtbarem Gedächtnis
Und wie mit doppeltem Gesicht.

Und nun und nach so manchen Jahren,
Die bitter von Verlusten waren,
Schreibt einer mir mit solchen Worten:
»Rückkehrend zu den schönen Orten
Am Sonnensee, grüß ich Sie! Ich
Bin traurig; etwas fehlt...
Erinnern Sie sich noch an mich?«

Den See erinnre ich wie sehr.
Wie sehr die Sonnenuntergänge
Und die beklemmenden Gesänge:
Liebe ist leicht, das Leben schwer.

Also auch er,
Den ich einst kannte,
Vergaß nicht alles, was da war.
Auch noch in einen andern brannte
Sich die Erinnrung an das Jahr,
Das von den unvergeßnen bleibt...

Geheimes les ich aus den paar
Gemeßnen Worten, die er schreibt.

Analyse

Als ich dreißig wurde, habe ich
Ein Fest für Freunde gegeben.
Jetzt werde ich ohne Reklame alt
Und analysiere mein Leben.
Zweiundvierzig: und was bleibt als Bodensatz
Zurück aus vergangenen Jahren?
Hat wohl die Welt von mir durch mich
Etwas für sich erfahren?
War ich ein Sender oder nur
Das Echo fremder Töne?
Hab ich geschrieben, weil ich muß,
Oder mich nur ans schöne
Gewerbe angehängt, weil es der Zufall brachte,
Daß mich ein Mann zu seiner Frau
Und *literarisch* machte?
Das meiste an uns ist geheim.
Die Wurzeln sind verborgen:
Seit dreißig Jahren schreibe ich,
Und nicht seit heut und morgen.
Ich schreibe, wie ich existiere:
Vegetativ. Ich treibe kein
Bedarfsgerechtes Kunstgewerbe.
Schreiben ist *meine* Form von *Sein*.

Gott

Ich leb mein Leben ohne Gott,
Aber mit seiner Negation
Und treibe mit ihm keinen Spott.
Ich kenne keine Religion,
Der ich mich unterwerfen würde.
Aber ich achte das Prinzip:
Nehmt voneinander eure Bürde
Und: Habt den andren Menschen lieb,
Er ist wie ihr. Alttestamentlich
Geprägter schöner Gleichheitssatz.
Und wär das Weltall auch unendlich,
Die Erde hat für alle Platz.
Und *Gott* war diesseits oder gar nicht,
Verkörperung für ein Gesetz.

Wir wollen Flieger sein mit Klarsicht,
Artisten ohne Seil und Netz.

Die Dichter

Die Dichter machen ihr Land.
In der Welt
Wüßte man nichts von Island,
Wenn Laxness nicht schriebe.
Und Dagestan
Ohne Gamsatow bliebe
Verschollen für uns.
Wir wüßten nicht,
Wo das liegt, wie die Leute da leben,
Und wie das Land ist, würde es den
Rassul Gamsatow nicht geben.
Und Griechenland hat Ritsos gemacht.
Und Neruda machte Chile.
Und ohne Lorca wär Spanien nicht.
Die harmlosen Wortespiele,
Mit denen es bei allen begann,
Wachsen sich aus zu ernstem Leben.
Die Dichter sind schwach wie *jedermann*.
Aber: sie können ihr Land *aufheben*.

Tabus

Mein Lektor sagt mir: Die Wildgans
Ist für nun und immer *germanisch*.
Schreibst du: im Herbst schrein die Gänse,
So bist du *völkisch* und *ahnisch*.
Das hat Hermann Löns bedichtet.
Und Schwäne sind auch tabu.
Und die Rosen hat Rilke vernichtet.
Auch diese Klappe ist zu.
Wir haben Traditionen,
Die sind sehr negativ.
In dem Land, in dem wir wohnen,
Klingen viele Worte schief.
Natürlich: Die Gänse schreien.
Und Schwäne gibt es auch.
Und den Rosen wolln wir verzeihen:
Laß sie blühn an ihrem Strauch . . .

Sensibilität

Für Hermann Kant

Von andern sagt man, sie sind sensibel.
Von mir wird das niemand sagen.
Das liegt wohl an der Selbstdisziplin,
Die mir verbietet zu klagen.

Ich mag die englische Höflichkeit,
Die über Persönliches schweigt
Und die nach außen ein tadellos
Gesundes *Ego* zeigt.

Ich glaube nicht an die Einmaligkeit
Meines eigenen Innenlebens.
Es unterliegt dem gemeinen Gesetz
Sublimierten Vermehrungsstrebens.

Das Wissen, daß wir unterworfen sind
Und nur einem Schema genügen,
Erleichtert mir das Schweigen und
Erleichtert mir das Lügen.

Wenn alle die gleiche Krankheit leiden,
Sind alle die gleichen Gesunden.
Ach, schweigen wir von der Angst des Gefühls.
Verheimlichen wir unsre Wunden.

Bobrowski

Bobrowski war eine Malve.
Schwarzblütig, doppelt und kraus.
Man hält sie, aber man fürchtet,
Sie bringt vielleicht Trauer ins Haus.
Man weiß nicht, ob sie schön ist.
Sie steht so seltsam beim Haus.
Und ist sie eine Blume?
Oder sieht sie nur so aus.

Traum II

Ich habe von dir geträumt die Nacht.
Das war ein bitterer Traum.
Du sahst mich nicht und kanntest mich nicht.
Ich war für dich ein Baum,
Den man nicht sieht und nicht erkennt,
Und sprechen kann er nicht.
Und ich stand stumm und sprach zu dir:
Siehst du nicht mein Gesicht?
Dann ging ich fort. Da riefst du mich.
Und ich bin aufgewacht.
Und bitter dachte ich an dich.
Das hat der Traum gemacht.

Anwandlung

Immer ist es das andere Ufer.
Immer die andere Zeit.

Immer gibt es den Antwortrufer.
Die Entfernung ist immer zu weit.

Die eine Rose überwältigt alles

Erinnerungsbaum

Bilder wurden in mir einst belichtet,
Die werden niemals nach außen dringen.
Sie sind mit dem Brom des Vergessens beschichtet.
Verworfen als Abfall. Nicht zu bezwingen
Mit Worten, die sagbar sind.
Nur zu verschweigen.
Jähe Bewegung: von fernher ein Wind
Wirbelt in den Erinnerungszweigen.
Die waren früh grün mit Gefühlen belaubt.
Und sind nun grau von Erfahrung verstaubt.
Eine Taube fliegt auf aus dem Baum, und sie spricht:
(Türkisch.) Ich rufe. Hörst du mich nicht.
Sie will mich erinnern. Doch ich weiß nicht, an wen.
Irgendwann irgendwo irgendwas ist geschehn.

Der Preis

Vor zwei Tagen hat man mir einen Preis gegeben.
Ein Quartett hat gespielt. Bach, glaube ich.
Hundert Leute ließen mit Sekt hochleben
Zu Ehren Heines Villain und mich.
Beim Salatessen hat mir einer gesagt:
N wird sterben. Er weiß es noch nicht.
Wenn er euch begrüßt, daß ihr ihn nichts fragt!
N kam und lobte mein *Letztes Gedicht,*
Das der Laudator C zitierte
Und das von der *letzten Stunde* spricht.
Wie N die *letzten Worte* goutierte –
Als wären sie nichts als nur ein Gedicht...
Da hat mich das kosmische Grauen besessen:
Meine Worte hatten sich wahr gemacht.
Ich ächzte: Laß das! Nicht jetzt! Beim Essen.
Trink! Und wir haben zusammen gelacht.
Dann hab ich zwei Interviews gegeben.
Wie fühlt man sich so? wurde ich gefragt.
Man fühlt, was es heißt, man ist noch am Leben.
Und möchte schrein, habe ich gesagt.
Wir meinten den Preis... Und wie stehn Sie zu Heine?
Was bedeutet das *Buch der Lieder* für Sie?
Von tausenden Strophen vor allem die eine,
Die heißt: ich dachte, ich trüge es nie.

Voraussicht

Mein letzter Freund wird der Rosenstrauch sein,
Der vor meinem Fenster steht.
Wenn auch der vorletzte von mir geht:
Der letzte läßt mich nicht allein.

Lieben zum Tode hin ist zu beschwerlich.
Gramgrau, griesig und riecht nicht gut.
Zu sehen, wie schwer sich der Sterbende tut,
Um noch zu bleiben, und ist schon entbehrlich.

Ja, wenn sich noch irgendwo Hilfe fände.
Aber man weiß doch genau: Hilfe ist nicht.
Man lügt ihm lächelnd ins fremde Gesicht,
Und dabei zittern einem die Hände.

Besser, wenn auch der vorletzte geht.
Endlich ist Schweigen, und dann ist Stille.
Langsam zersetzt sich der Lebenswille.
Man sieht, daß die Rose in Blüte steht.

Licht

Was bleibt im Menschen unwandelbar?
Wie sehr verwandelt er sich im Fleisch!
Man kann nicht glauben, daß *er* das war,
Das braune Kind mit dem sanften Haar
Und dem Lustschrei wie Schwalbenkreisch.

Er wundert sich selber, daß er so verging,
Wenn er sich einmal, was selten ist, sieht.
War es nicht gestern, daß alles anfing?
Jetzt welkt die Hand und trägt einen Ring.
Vergangen ist schon, was morgen geschieht.

Doch etwas in ihm muß unwandelbar sein.
Ein Befehl, eine Sucht oder auch ein Gebet.
Das wacht mit ihm auf und schläft mit ihm ein.
Das wird niemals groß und war niemals klein.
Und ist das, was mit ihm nicht vergeht.

Was das in ihm war, er wußte es nicht.
Unwissend hat er es weitergegeben.
Manchmal schien ihm, es war nichts als Licht.
Und vergänglich waren wohl Leib und Gesicht.
Aber nicht das, was brennt, das Leben.

An meine polnischen Freunde

Nun macht der goldene Abenddunst,
Die *Laterna magica,*
Aus anderen Bildern Zauberkunst...
Denn alles, was ich sah,
Erscheint mir abends, unterlegt
Mit Gold und Himmelskühle,
Verklärt zum Bild und sanft bewegt
Von älterem Gefühle...
Mein Inneres erweitert sich
Und tritt aus mir heraus:
Alle Erfahrung bringe ich
In Bildern mit nach Haus.

Nun also Polen. Spät, sehr spät
Geriet es in mein Leben.
Als Rätsel, das sich nicht verrät.
(Vor Zeiten aufgegeben.)
Verschloßne Sprache, sacht versiegelt.
Geheime Zeichen schützen sie.
Der Himmel, den die Wisła spiegelt,
Die Dohle, die im Abend schrie,
Warn mir seit alters her vertraut.
Und andres mehr: die herbe Heide,
Der Sonnenrose gelber Laut
Des Herbstes, den ich lächelnd leide –
Das war sehr nah, doch stumm und blaß
Bin ich durch euer Land gefahren,
Das ich lang scheute. Heilt denn das,
Was euch geschah, in dreißig Jahren?

Ich kann nicht leugnen, deutsch zu sein.
Und deutsch zu denken, deutsch zu sprechen.
Ihr hörtet meine Sprache schrein,
Und willig war sie dem Verbrechen.

O meine Sprache, du mein Leib.
Wenn ich je bin, bin ich in dir.
Und alle Hoffnung, daß ich bleib,
Und alle Kräfte kommen mir
Aus dieser Sprache. Wenn ich schweige,
Schweige ich deutsch. Deutsch ist mein Leben,
Das ich in Worten übersteige,
Um seine Grenzen aufzuheben.

Verzeiht mir, Freunde, diese Liebe
Und daß ich euer Land umfasse,
Als wenn ich eine Sprache schriebe,
Die nie verfalln war eurem Hasse...

Novemberabend

Sing, Vogel in der Erle.
In der Muschel ist keine Perle.
Aber in dir, Vogel, ist noch ein Lied.
Du kannst es aus der Kehle ziehn,
Einen Faden vom Licht, das dich sommers beschien.
Bist du nicht die Ammer?
Dann schmiede, dann schmiede
Den Faden aus Gold zu einem Liede.
Oder bist du die bläuliche Meise
Und swirrst im Novemberabend so leise.
Eintönig wie sommerabends die Grillen?
(Die säumen ein Gewand aus zwei Stillen.)
Also säume den Abend. Der Abend ist kalt.
Und die Kraniche schreien hinter dem Wald
Aus den Sümpfen bis über den Mond.
Der ist von nichts als von Echos bewohnt.
Sing, bis die Enten und Graugänse kommen,
Die haben den Mond in ihr Auge genommen
Und den Stern, der so oder so heißen mag.
Und sie fliegen in die Nacht aus dem Tag
Wie ein Rauch, der schreit, in der Finsternis.
Als ginge durch die Himmel ein Riß.
Vorher sing noch, Vogel, jetzt in der Weide.
Daß das Licht nicht flieht, sondern sanftmütig scheide.

Dunkler Grund

Immer von neuem entsteht die Frage:
Was sollen wir tun?
Es gibt täuschende Tage,
Da scheinen wir in uns, gesichert, zu ruhn.
Wir kennen den Weg und wissen die Wahrheit.
Und die Erde ist ein für allemal rund.
Doch hinter der scheinbar äußersten Klarheit
Gibt es noch einen dunkleren Grund.
Und Zweifel sind möglich und finden uns wieder,
Wenn wir endlich mit uns im reineren waren.
Und so kann es geschehn: unsre süßesten Lieder
Sind gepreßt aus unseren bittersten Jahren.

Rausch der Vergänglichkeit

Durch alle die leisen Bilder,
Die ich euch male, fährt Lärm.
Am Rande der Landschaft stehn Schilder.
Wenn ich von der Stille *schwärm,*
Grolln Panzer im *background* der Szene;
Und durch den Äther jagt *Überschall.*
Warum ich das nicht erwähne?
Es ist wie überall . . .
Es heißt, man muß damit leben.
Irgendwann kommt die wirkliche Stille.
Zwar sind wir nicht gottergeben.
Doch geschieht auch nicht unser Wille.
Die Welt wird gepreßt von Zwängen:
Tut der eine dies, so der andere das . . .
Ich bleibe bei meinen Gesängen.
Als wüßte ich nichts vom Haß.
Die Fasanenschönheit die Birke.
Die Sonne die Dompfaffbrust.
In dem mir vertrauten Bezirke
Herrscht, solange ich herrsche, die Lust,
Und Liebe sei die Empfindung:
Rausch der Vergänglichkeit.
Die Augenblicksverbindung
Von Ewigkeit und Zeit.

Das dritte

Wenn die Verhältnisse bleiben,
Wie sie sind, bin ich frei.
Frei, zu leben, zu schreiben.
Ich brauche nur drei
Dinge: Gewissen,
Daß ich andern nichts nehme –
Ich brauch keine seidenen Kissen
Und kann auch ohne bequeme
Stühle auskommen.
Das zweite: ich darf ohne frommen
Augenaufschlag sagen,
Was ich sehe in unseren Tagen.
Das dritte wäre Liebe,
Damit ich leben bliebe.

Korrespondenz

Der Augenblick, da nichts mehr geht,
Erweitert sich zuzeiten
So, daß man vor dem Abgrund steht.
Finsternis bei den Seiten.

Von oben regnet es zur Nacht.
Von unten nebelt Kälte.
Und eine Eule hat gelacht,
Daß es gespenstisch gellte.

Grüß dich, mein Freund, wie geht es dir?
Nicht lustig, nicht betrüblich.
Genau wie dir so geht es mir:
Nicht nennenswert. Wie üblich.

Ketzerei

Die *Unio mystica,*
Von der es aus alten Büchern erzählt,
Ist für uns Ketzer nicht da:
Wir sind nicht auserwählt.

Kleinere Sympathie
An Stelle brennender Liebe –
Rheumatisch schmerzende Knie –
Kann das alles sein, was uns bliebe?

Meine Freunde fangen mit *Yoga* an.
Nach dem Marxismus indische Kunde.
Ein jeder sucht, wie er leben kann.
Kein zweiter ist im Bunde.

Um uns ist Leere. Wir bauen sie zu
Mit holzgetäfelten Wänden.
Wir sagen einander Genosse und du
Und halten uns *nicht* bei den Händen.

Wenn wir nicht unsere Kinder hätten,
Die wir lieben müssen mit allen Schmerzen,
Wär in uns die Ödnis von Schädelstätten,
Und Pesthäuser wärn unsre Herzen.

Nachts

Ich fürchte den Tod.
Ich gebe es zu.
Ich fühlmichbedroht.
Auch du und du,
Ihr habt Angst wie ich
Vor dem Krebs und vorm Krieg.
Das behält man für sich
Und glaubt an den Sieg
Der Vernunft und der Wissenschaft.
Gott geb uns allnächtlich zum Glauben
Die Kraft.

Stammbuchvers

Die taube Stummheit hinter der Sprache,
Die man alltäglich spricht.
Das Schluchzen hinter der schrillen Lache.
Das nie entschlüsselte Gegengesicht:

Wenn man älter wird, hat man es nicht mehr eilig,
Über andern den Stab des Urteils zu brechen.
Jede Möglichkeit im Menschen ist heilig:
Das vorletzte Wort – mehr wolln wir nie sprechen.

Bei Isbor

Da war ich glücklich ohne Grund.
Auf einem Hügel, der grün war. Und
Weiter war nichts. Ein sonniger Tag
Beim alten Isbor im Pskower Land.
(Das war meiner Seele seit langem bekannt.)
Frauen kamen und melkten Kühe.
Ein Kirchlein. Ein Friedhof. Verfallen. Versöhnt.
Und weiter war nichts. Silberne Frühe.
An deren Rande Nachtschwärze dröhnt.
Geschichte gewichtlos: Licht auf der Haut.
Das Gesicht von wildem Flieder umblaut.
Liebe, was ist das. Tod? Was vergeht:
Grün, das im Frühwind den Hügel umweht.

Memento

Für Lars Gustafsson

Immer das Schuldgefühl gegen Orte,
An denen man nur vorüberging.
Immer das Schuldgefühl gegen Menschen,
Mit denen man nichts als ein Lächeln anfing.
Als wär nicht an jedem Orte die Welt.
Und als wäre nicht jeder Mensch ein Wunder.
Wir zeigen einander, wir Seelenerkunder,
Nur Züge von Masken. Wir sehen uns nicht.
Wir fürchten uns vor dem *eignen* Gesicht.
Wir wolln *anders* leben.
Wir wolln *anders* lieben.
Und werden vom gleichen Gesetz getrieben.
Und jede Verzückung und jede Qual
Gibt es auf Erden milliardenmal.

Werte

Die guten Dinge des Lebens
Sind alle kostenlos:
Die Luft, das Wasser, die Liebe.
Wie machen wir das bloß,
Das Leben für teuer zu halten,
Wenn die Hauptsachen kostenlos sind?
Das kommt vom zu frühen Erkalten.
Wir genossen nur damals als Kind
Die Luft nach ihrem Werte
Und Wasser als Lebensgewinn,
Und Liebe, die unbegehrte,
Nahmen wir herzleicht hin.
Nur selten noch atmen wir richtig
Und atmen Zeit mit ein,
Wir leben eilig und wichtig
Und trinken statt Wasser Wein.
Und aus der Liebe machen
Wir eine Pflicht und Last.

Und das Leben kommt dem zu teuer,
Der es zu billig auffaßt.

Nach wie vor

Ich ging in den Wald. Wollte Grünlinge suchen.
Doch das lodernde Laub der Oktoberbuchen
Im sonnendurchfluteten Wald
Hat mich verwirrt: Wie beschreibt man Farben,
Die fließen wie Honig und Harz
Über Blattstrukturen, die langsam vernarben?
Das Astholz steht dazu schwarz,
Das eigentlich grün ist und überdunkelt
Von Feuchte. Es leuchtet nicht.
Doch in jeder feuchten Blattmulde funkelt
Eine Feder aus springendem Licht.
Ich ging in den Wald. Wollte Grünlinge suchen.
Und brachte nur Worte nach Haus.
Und nach wie vor sah das Laub der Buchen
Unbeschreiblich aus.

Oktobernacht

Ich mache ein Gedicht,
Das aus Schweigen besteht.
Löscht meine Worte aus
Und seht: Der Nebel geht
Über die Wiesen. Und droben
Der große Oktobermond.
Die Nacht ist von schreienden Hirschen
Und ihren Jägern bewohnt.
Die Nacht ist völlig windlos.
Keine Bewegung im All.
Bis auf die Birke mit ihrem
Lautlosen Blätterfall.

Die *eine* Rose

Die *eine* Rose überwältigt alles,
Die aufgeblüht ist aus dem Traum.
Sie rettet uns vom Grund des Falles.
Schafft um uns einen reinen Raum,
In dem nur wir sind und die Rose.
Und das Gesetz, das sie erweckt.
Und Tage kommen, reuelose.
Vom Licht der Rose angesteckt.

Erkenntnis

Generalnenner des Lebens
Ist und bleibt für immer: der Tod.
Unser Übermut ist vergebens:
Wir kommen nicht los vom *Brot,*
Das wir uns teilen müssen,
Brechen von Hand zu Hand.
Erst wenn wir das sicher wissen,
Haben wir uns *erkannt*.

Nur einmal so

Es ist ja nur der Wind, der geht,
Der Wasserwind vom Februar,
Der nach dem Schnee dem Regen weht.
Der Winter, der kaum Winter war,
Zersetzt sich langsam. Unterm Grau
Der Wiesen ist schon Grün zu sehn.
Und manchmal riecht es wie nach Tau
Und so, als soll bald was geschehn.
Und wieder weiß man nicht, was wird?
Man weiß nur: es wird *anders* sein.
Wer meint: *das* wiederholt sich, irrt:
Nur einmal *so* fällt Frühling ein.

Risiko

Es gibt zwei verschiedene Haltungen
Gegenüber dem Leben.
Die eine: Streben nach Sicherheit.
Die andre: Sich über Schicksal und Zeit
Und alles das erheben.

Das Risiko muß man bejahn:
Man arbeitet ohne Seil.
Es macht nichts, wenn man sich außen verletzt:
Innen bleibt man heil.

Das ist die Haltung der Sucher und Finder:
Nicht auf Sicherheit, auf Sinn eingestellt,
Können sie auf fast alles verzichten,
Nur nicht auf ihren Entwurf von der Welt.

Zwiegespräch

Abend

Nach Matthias Claudius und
Caspar David Friedrich

Abgründige Himmel abends:
Schlünde voll fließendem Licht.
Tiefer und tiefere Röte,
Die golden am Grund aufbricht.
Die milde Kühle der Gräser.
Der wilder grüne Geruch
Von Bärlauch, Beifuß und Nesseln.
Der irre Fledermausflug
Vor der verlodernden Ferne,
Die langsam niederbrennt.
Deutlich werden die Sterne
Zeichen am Firmament.
Die ärmsten Geräusche wachsen
Über ihren Ursprung hinaus:
Eine vereinzelte Kiefer
Klagt sich am Abendwind aus,
Als würd eine Tür geöffnet,
Zögernd, einen Spalt,
Und ängstlich wieder geschlossen:
Die Nacht kommt und ist kalt.
Ihre Krallen schärft die Katze
An der Regentonne nach.
Die Sperlinge atmen flacher
Unterm Sparren am Scheunendach.
Die Augen der Katze glimmen
Die Hopfenwand hinauf.
Ein Vogel schreit vorm Tode.
Und der Mond geht auf.

Zwiegespräch

Rühr mich an, Gras, sprich mit mir,
Graues Gras des falben Sandes.
Waldgras, Raingras, sprich zu mir
Ohne Worte des Verstandes.

Zungenloses, sprich mit mir.
Augenloses, sieh mich gehen.
So gewiß kam ich zu dir:
Du wirst mit mir einverstehen.

Rühr mein Herz, o sprich mit mir.
Es verlangt mich so nach Rührung.
Karges Gras, sprich karg zu mir.
Ohne Worte der Verführung.

»Armes Kind«, so sprich mit mir,
»Kennst du mich noch? Was soll werden?
Besser bleibst du jetzt bei mir,
Denn hier kannst du wieder werden,

Wie du warst.« So sprich mit mir.
Ja, ich hab es einst besessen.
Was es war, Gras, sag es mir.
Gras, ich habe es vergessen.

Freiheit

Wie es scheint, soll nun das meine Freude sein.
Die einzige Freude, die ich noch habe:
In der Sonne sitzen auf einem Stein.

Zu Füßen die Wiese im grünen Grund.
Eine Wildtaube fliegen sehen
Und mich erinnern mit lächelndem Mund.

Die heimliche Freiheit der Einsamkeit
Im stillen Monat September.
Das war schon immer die beste Zeit.

Lavendelfarbenes Bergknöpfchen blüht.
Um die Schafgarbendolden streift eine Biene,
Die sich zum Sommerende noch müht.

Das Bienensummen schläfert mich ein:
Ein freundliches kleines Nirwana.
Und die Sonne wärmt mein altes Gebein.

Wie es scheint, soll nun das meine Freude sein.

Lebenswasser

Jenseits von Literatur im Licht.
Konkurrenzloser Lauf der Worte am Hügel.
Schlicht oder schlecht. Kein Gesetz, kein Gericht
Führt das geflügelte Wort am Zügel.

Der Gewittersturz hat den Hügel gebürstet.
Hat die Windhalmhaube des Hügels gestriegelt.
Ich habe nach reinen Worten gedürstet.
Doch der reine Quell ist verseucht und versiegelt.

So schöpfe ich Wasser aus Niederschlägen,
Aus Rinnsal und Pfütze mit hohler Hand.
Das läßt sich nicht filtern, nicht messen, nicht wägen.
Es fließt schnell ab, und zurück bleibt Sand.

Wir werden keine Brunnen mehr graben.
Keine Quellen finden, die jungfräulich sind.
Wie weit wir dran Schuld oder Unschuld haben?
Der Prophet ist taub und der Seher blind.

Doch was uns verbleibt, das wollen wir teilen.
Mit den Wassern, die fallen, das Leben uns stunden.
Mit den gesetzlosen Glaubenszeilen
Habe ich mich den Brüdern verbunden.

Wind

Kühler Abend ins Ungewisse
Anfang Oktober. Die Welt hat Risse.
Frost dringt hindurch. Es leidet
Mein Freund. Ich denke
Worte an ihn. Sagen
Kann ich die Worte nicht.
Daß ihn kein Mitleid kränke.
Wenn eins vom andern scheidet,
Schmerzen selbst Freundesfragen.
Es hilft nicht, wenn man spricht.

Kalter Abend, von Norden kommt Wind.
Wohl denen, die beieinander sind.

Pasternak

Einer ist hinausgegangen.
Und der Winter fiel auf ihn.
Mit ihm hat es angefangen,
Seltsam, so wie Vögel ziehn.
Und auch er zog in den Süden.
Wie wir alle suchte er
Wärme, so als ob die Wärme
Fern von uns zu finden wär...
Schließlich fand er sie im Schnee.
Und nach einer langen Zeit
War er frost- und feuerfest.
Und er schrieb: es schneit, es schneit...

Heiteres Licht

Wie Duft erotisch wie Wohlgeruch
Die Stimme der Amsel wie Zauberspruch.
Ganz sinnlich wird mir lustig zu lieben.
So haben wir wieder den Winter vertrieben!
Nun soll mir kein arges Wort mehr entkommen!
Die Amsel hat mich zusammengenommen.
Heiteres Licht läßt die Wässerlein beben.
Ich pfeife mir eins. Spitzfindiges Leben!

Forderung

Laßt mich in Ruh. Fallt mich nicht an
Mit Rühmlichkeiten und mit Reden:
Was man von mir erwarten kann.
Macht keinen Anspruch an mich. Jeden
Gedanken, den ihr mir aufzwingt, stoß ich ab.
Ich sehe, was ich seh. Und geben
Kann ich nur, was ich in mir hab.
Das geb ich ganz und geb *mein* Leben.

Zwei Gedichte des Unmuts

1

Ich fühle so verwildert, daß die Worte
Wie Trümmer in mir liegen, wie versprengt.
Steinödnis. Wüste nach Lawinen.
Grauen, auf das sich Nebel senkt.

Die Bänder dehnen sich, die mich verbinden
Mit andren Menschen. Sie sind ausgeschlafft.
Und die Bewegung kann ich nicht mehr finden,
Mit der man Herzberührung schafft.

2

Ich bin wie von mir abgetrennt.
So ausgeraubt
Und ausgegeben.
Verschleudert habe ich mein Leben
Und bin vom Reden wie ertaubt.
Wenn man mir meinen Namen nennt,
Weiß ich nicht, wen man damit meint.
Ich wart auf einen, der mich kennt
Und mich mit mir wieder vereint.
Verkaufte ich nicht meinen Schatten?
Verlor im Spiegel mein Gesicht?
Die Unschuldstage, die wir hatten,
Veräußerte ich im Gedicht.

Nach Lewitan

Ich bin eine einsame Kirche im Norden
Unter bleichem Himmel an einem See.
Wenn es kälter wird, fällt auf mich Schnee.
Ich bin von Holz und brüchig geworden.

Und bedeute nichts weiter, als hier zu stehn
Unter Himmeln und um mich Wolken fliegen.
In meinem Namen kann keiner siegen.
Kein Recht und Unrecht wird durch mich geschehn.

Die Kette

Woher soll mir eigentlich Heiterkeit kommen?
So viele verzweifelte Menschen gehn um.
Gewöhnliche Leute, alltäglich stumm,
Doch mehrere haben mich angenommen

Als Freund mir um Rat geschrieben.
Als ob ich Rat zu verteilen hätte!
Ich kann nur sagen: hängt euch in die Kette,
Haltet einander, verzagt nicht zu lieben.

Auf daß ihr nicht stürzet ins Bodenlose,
Daß euch der Abgrund des Nichts nicht verschlingt.
Hört, wie die Amsel doch abendlich singt!
Seht doch, auch ihr seid benachbart der Rose!

Aus einem Juni

Ich denke nichts Bedenkliches.
Ich fühle nichts Gefährliches.
Ich rede nur Erbauliches.
Ich führe kein vertrauliches
Gespräch am Telefon.
Die Post braucht heuer doppelt lang,
Bis sie den kurzen Weg passiert.
Man fragt sich, ob man nun auch den
Und jenen Freund verliert.
Abgesehn davon, ist es schön,
Den Juni zu er-leben.
Was aus uns allen einmal wird,
Das wird sich noch ergeben.

Entschluß

Freimut zu bekennen:
Ich bin ich.
Ich werd auf meinem Wege gehen
Und werde sagen, was ich da gesehen,
Und keiner überredet mich,
Das Schwarze auch nur grau zu nennen,
Geschweige denn weiß. Es ist an der Zeit,
Zum Wort, das uns anvertraut ist, zu stehen.
Es mag mir ruhig Schaden geschehen.
Geschieht nur dem Geist der Wahrheit kein Leid.

Zeitwind

Die Stimme verlieren –
Furcht aller Sänger. Sie schützen die Kehle.
Aber wie schützt man vorm Zeitwind die Seele.
Dem Dichter kann sie erfrieren.

Bitte

Sei sanft, wenn du kannst, das Leben
Ist sowieso hart und schwer.
Vielleicht hat es das früher gegeben,
Jetzt gibt es das nicht mehr:
Leicht sein und einfach leben
Ohne Nutzungs- und Musterungsschein.
Wenn wir uns nicht Liebe geben,
Uns umfangen und uns erheben,
Betonieren sie uns ein.

Absage

Herausreißen aus den Konventionen,
Dem Marionettenverhalten der Zeit:
Um zwanzig Uhr oder zwanzig Uhr fünfzehn
Sitzt alles in Sesseln und Sofas bereit
Zum Empfang von Gefühlen und kleinen Gedanken.
Millionen sehen das gleiche Bild.
Sie fahren auf Schienen und halten an Schranken
Und sind zu Unterwerfung gewillt.

Wer wählt ein Buch? Wer sucht die Bewegung
Einer Musik, die er sich gesucht?
Wer widersteht der Massenerregung,
Die auf Kommando Heil schreit und flucht?

Nicht eingehaltener Vorsatz

Ich werde nur noch vom Wetter schreiben,
Eine Art poetische Meteorologie.
Was drüber hinausgeht, lasse ich bleiben.
Man weiß ja nie.

Vom schwedischen Freund

Lars Gustafsson aus Västerås
Der Dichter hat eine Frau Madeleine.
Tochter und Sohn:
Lotten und Jon.
Und versucht die Welt
Vom Grund zu verstehn.
Er hat in Oxford
Philosophie studiert.
Und hat auch in
Philosophie promoviert.
Doch der *Satz vom zureichenden Grunde*
Erweist sich als nicht zureichend gut.
(In Västerås fällt so viel Schnee!)
Zureichender: Holzfäller,
Baum Axt Glut.
Madeleine kocht Tee.
(Intellektuelle trinken
Überall Tee.)
Sohn John hört die *WHO*.
Herr Gustafsson schreibt.
Draußen fällt Schnee...
Kind Lotten schon Jungfrau!
Die Jahre vergehn.
Noch immer lebt Lars
Mit Madeleine.
Das klingt ganz einfach.
Und heißt doch was sagen.
Vor allem an kalten
Schwedischen Tagen...

Heimkehr von Struga

Für Tadeusz Różewicz

Nun bin ich in meinem traurigen Land.
Sehr traurig nach den Tagen
Im Süden. Sonst mag ich das Land
Und lebe da ohne Klagen.
Eine Weile: die Sehnsucht nach Sonne vergeht.
Es macht sich wieder. Und man versteht
Die einfachen Alltagsfragen
Der Leute. Man ist wieder frei
Von der billig verliehenen Größe.
Man haßt das poetische Marktgeschrei
Und kennt wieder seine Blöße
Und deckt sie wieder mit Worten zu
Und versieht sich mit neuen Häuten,
Die, abgelegt, eines anderen Tags
Vielleicht anderen etwas bedeuten.
Man zieht seine Spur im eigenen Land,
Ohne sich umzusehen.
Manchmal denkt man an einen, den man verstand.
Und dann denkt man: er wird dich verstehen.
Und ihrem Leben gleicht unser Leben.
Wir erfindens nicht neu.
Das ist es eben.

Brief aus Gagra

Sie haben hier einen Himmel
Lila und abends leicht irr.
Die Stadt: eine Brosche aus Gablonz.
Die Bucht bunt von Lichtergeflirr.
Morgens watscheln die Möwen
Wie Enten über den Strand.
Sie suchen nach Vegetabilien
Im bei Sturm überfluteten Sand.
Sie sehen domestiziert aus
Und wie inventarisiert.
Merkwürdig, wenn eine Möwe
Das Möwesein verliert!
Es verliert ja alles die Ursprünglichkeit.
Da ist nichts zu machen: Das ist eine Fabrik,
In der Bräune erzeugt wird und Liebe auf Zeit
Und südliche Nacht mit Maschinenmusik.
Die silbernen Augen der Mädchen,
Die mannlos gekommen sind,
Werden nach wenigen Tagen
Entweder beschlagen und blind
Oder sie triumphieren:
Freundinnen sind entzweit.
Doch die heute das Glück verlieren,
Verlieren das morgige Leid.
Die federnden Körper der Burschen
Gehen synchron mit den Wellen.
Unfaßbar wie die Bewegung,
Mit der die Wasser schwellen.
Die Leiber suchen die Leiber.
Und eine Seele glaubt, sie ist gemeint.

Die alte Geschichte: heut Mädchen,
Morgen Frau, die weint.
All diese Banalitäten,
Bijouterie und Konfektion...
Und doch hat unter den Städten
Auch diese *ihren* Ton.
Die Kehlsprache der Abchasier
Und ihr verächtlicher Blick,
Mit dem sie die Fremden ausschließen,
Man spürt ihn im Genick.
Sie leben beständiges Leben,
Das flüchtige Menschen blicklos vergißt
Und die Zeit am Triebe der Reben
Und an den Trauben mißt.

Kolo

Soll ich gehen, soll ich nicht?
Ein paar Tage südwärts fliegen,
Unterm makedonschen Licht
Ohne meinen Schatten liegen?

Wird es mir noch mal gelingen,
Deutsche Häute abzustreifen
Und beim *Kolo* mitzusingen,
Ohne etwas zu begreifen?

Wenn ich in den Spiegel spähe,
Sage ich mir: laß es bleiben!
Schließlich kannst du aus der Nähe
Dichtend in die Ferne treiben.

Du hast alles schon genossen
Und gesehen und geliebt.
Deine Jugend ist verflossen.
Wohl dem, der sich drein ergibt.

Wie ich so vernünftig denke
Und bewußt Entschlüsse fasse,
Tauche ich in meine Schränke
Und probiere, ob er passe,

Den verwegen roten Rock,
Den ich letztes Jahr getragen.
Und ich denke: mit dem Stock
Sollte man dich Alte schlagen.

Die Brücke

(Zeitweil habe ich das Gefühl,
Ich muß ein Destillat aus mir treiben.
Druck muß erst sein. Dampf muß erst sein.
Dann aber muß er fallen. Kühl
Muß man den Rückschlag, das Wort, hinschreiben.)
Grüß euch, Freunde, am Ohridsee!
Ob ihr mich wohl in Struga vermißt?
Ihr trinkt heut Wein, ich trinke Tee.
Wie es bei Krankheiten üblich ist.
Wär ich nicht krank, ich wäre mit euch
Kokons von Dichtern, die in euch stecken,
Und redete rauschhaft närrisches Zeug,
Nur um ein wenig Nähe zu wecken
Und über die Ferne hinwegzutäuschen,
Die einen Dichter vom anderen trennt
Und durch den Nebel von Reden und Räuschen
Im Auge des Freundes feindlich entbrennt.
Es gibt keine Brücke. Es kann sie nicht geben.
Ein jeder von uns lebt in Einzelhaft.
Doch ist unser ganzes Dichten und Leben
Nur dazu gut, daß es Brücken schafft.

Strahlung

Die Leute meinen immer, Gedichte
Werden aus Worten gemacht
Und sind nichts weiter als Lebensberichte,
In Reim und Rhythmus gebracht.
Dabei sind Gedichte unsichtbare Wesen,
An die wir manchmal streifen.
Was wir mit unseren Augen lesen
Ist nicht mehr, als was wir begreifen
Von einem Rätsel, das Strahlung heißt
Und ewig bewegt ist in sich
Und das uns aus unseren Bahnen reißt
Und schleudert dich gegen mich.
Was sind schon Worte? Worte sind leicht.
Das Leichteste auf der Welt.
Und mit Worten allein hat noch keiner erreicht,
Daß die Zeit in den Raum einfällt
Und stehenbleibt und geht nicht mehr
Vor und nicht mehr zurück.
Gedichte sind Antimaterie. Schwer.
Monolithisch. Wie der Tod. Wie das Glück.

Heliotrop

Furchtlos

In dieser Welt zu leben,
Die so gewalttätig ringt und schreit
Vor Haß und Hunger, Lüge und Leid,
Und sich drüber hinwegzuheben,
So daß man vertrauensvoll sprechen kann
Zu einem Kind: das Leben ist gut,
Ist eigentlich mehr, als man leisten kann.
Dazu gehört ein Über-Mut
Oder Glaube, den ich in nichts besitze.
Ich fürchte des Wahnsinns Vernichtungsblitze.
Und doch sage ich: Das *Leben* ist gut.

Sendschreiben an vier Freunde in zwei Ländern

Vergeßt nicht den Ahorn vom Triangelplatz
In Skopjes Altstadt, unter dem wir gesessen!
Theobaldy ging gleich drauf nach Kreta hin ab.
Und Jendryschik hätte zu gern vergessen,
Daß er aus Halle ist, und wär mit ihm gefahren,
Um endlich – nun ist auch er schon bei Jahren –
Das Land der Griechen mit Augen zu sehen,
Und nicht nur mit der Seele zu suchen...
An der Grenze würde ihm nichts geschehen.
Sein Paß war gültig... Die heimischen Buchen
Haben ihn wieder, wenn Buchen *sind*.
In griechischen Eichen äolischen Wind
Wollte er hören und hörte ihn nicht...
Unterm Ahorn in Skopje war schattiges Licht.

Roths Friederike, Mona Lisa Pascals,
(Pascal Gilevskis, der sie konterfeite,)
Ein güldenes Schnürl um den rührenden Hals,
Blau blickend wie die gebenedeite
Jungfrau, in Wahrheit gelehrt wie ein Biest,
Das Philosophen wie andre Romane ausliest,
Friederike aus Stuttgart, Werner Dürrson vom See,
Vom Bodensee, der wie Weihrauch was rauchte
(Seine Stiftzigarillos rochen narkotisch)
Und einfach Gesicht und Hände tauchte
Ins Wasser des Brunnens, den Skopjern *exotisch*,
(Wir hielten in einem Straßencafé)
Die träge saßen und träge sahen
Auf uns fahrige Fremde, drei Männer, zwei Weiber,
Dachten Dinge von uns, die nicht geschahen...

Wir waren fünf egozentrische Schreiber
Und sympathetisch im Abschied verbunden.
War eine von den erinnerten Stunden,
Die man schon erinnert, wenn man sie lebt:
Der Wind schläft im Ahorn, der Brunnenstrahl schwebt...

Gleich würden wir auseinandergehen
In verschiedene Länder, bei Gott sehr verschieden,
Und, möglich, einander nie wiedersehen.
Die Möglichkeit wurde, gesprächsweis, gemieden.
Vom Stolz Makedoniens ins Land gebeten
Zum jährlichen Sommerfest der Poeten,
Warn wir eine Woche zusammengewesen,
Und nachts hatten wir einander *gelesen*.
Zum Ende tauschten wir Bücher aus
Und nahmen sie mit dem Ahorn nach Haus.
Schieres Glück, Friederike, und Glückes Beweis –
Wir beide hatten so ähnlich geschrieben!
Die Tage in Makedonien flohn heiß.
Die Stunde beim Ahorn ist stehengeblieben.
Vergeßt nicht den Ahorn vom Triangelplatz
In Skopjes Altstadt, unter dem wir gesessen!
Ich wage, Freunde, den einfachen Satz:
Wir *werden* einander niemals vergessen.

Heut

Für Günter Caspar

Die reine Wahrheit. Nichts als die Wahrheit.
Nichts als die Wahrheit reden, heißt schweigen.
Spricht man sie aus, wird zu jedem Satz,
Sowie man ihn sagt, sich ein Gegensatz zeigen.
Erinnern – Vergessen, Lieben und Hassen,
Freiheit und Zwang. Die Feindlichen lassen
Sich wahr nur mit einem Atemzug fassen,
Weil Leben vergeht und alles sich wandelt.
Und doch ist im Recht, wer redet und handelt
Und das Risiko des Irrtums nicht scheut.
Die reine Wahrheit: die Wahrheit von heut.

Einsicht

Als ich zwanzig war und Leben mir schwer,
Da dachte ich, es wird leichter werden.
Mit dem Alter kommt auch Weisheit her.
Einsichtig heiter auf ebener Erden
Werde ich wandeln, wenn Zweifel sich lösen
Und reinlich sich scheidet das Gute vom Bösen.
Und nun? Nun bin ich schon fünfzig Jahr,
Und Leben ist schwer, wies mit zwanzig nicht war.

Heliotrop

Der Tag des Heliotrop kam,
Wie immer die Tage des Glücks,
Unerwartet und mit des Segens Gewalt.
Die magische Blume aus den Gärten der Jugend,
Ich fand sie endlich und nun da ich alt.
Ihr Duft war zu mir aus Büchern gestiegen.
Ihre Farbe wurde von Dichtern vergleichend genannt.
Frauen trugen heliotropfarbene Kleider.
Und die Erinnrung der Liebe
Blieb in den Duft ihrer Blüte gebannt.
Und immer hatte ich nach ihr gesucht
Und in Gärtnerbüchern nach ihr gelesen.
Doch war sie wie von Vergessen verflucht.
Als wäre sie nie und nirgend gewesen...
Das schmerzte mich. Jedes einzelne Mal,
Wenn Vorzeitengärten in Büchern vorkamen,
Traf mich ihr Name wie schuldhafte Qual.
Als setzte die Pflanze in mich ihre Samen,
Stichelnd ins innerste Erdreich der Brust,
So schlich sich der Schmerz ins Innerste hin.
Doch auch die Süße empfangender Lust.
Nur bildlos blieb sie ohne zeugenden Sinn.
Denn weder Farbe noch Form noch Duft
Warn in den Büchern der Dichter beschrieben.
Ihr Name nur war in der zärtlichen Luft
Vergangener Sommer stehengeblieben...
Und nun und nun und in diesem Jahr
Und an diesem Tag und im Belvedere,
Das sich die Weimarer Schöngeister schufen,
Wurde die Blume mir wirklich und wahr.

Ein heutiger Gärtner hat sie gerufen
Und in Quartieren zum Blühen gebracht.
Und die Blüte duftete südlich und schwer,
Wie die eine Liebe der einzigen Nacht.
Tiefblau violett wie in Veilchenduft
Wie in Fliederduft Vanille gestreut.
So klangs in der klaren Augustmorgenluft.
Und jäh warn mir alle Sinne erneut
Und atemjagende Lust fiel mich an:
Meine Dichter hatten mich nicht betrogen!
Der Tag des Heliotrop begann.
Und wurde zur Nacht als Liebe vollzogen.

Ja doch

Für Hans Marquardt

Mitteilungen habe ich keine zu machen
Denn allbekannte: das Leben vergeht.
Doch gibt es dagegen versöhnende Sachen:
Daß Mai ist und abends die Sonne steht
Rot überm Fluß und die Möwen kreisen
Spiegelnd ihr Bild weiß mit Ringen ein...
Das Ganze soll überhaupt nichts beweisen.
Nur: angenehm ist es, am Leben zu sein
Und das Gerede vom Tod zu vergessen:
»Fünfundsiebzig zu fünfzig – das steht drei zu zwei.
Sie sind fünfzig? Auch Ihnen wird Zeit schon bemessen!«
Ich hör nicht und spiele die Heitereitei
Und bin entschlossen: Ja doch! zu sagen.
Ja doch! und: Wenn schon! mein Leben vergeht...
Nur soll es geschehen in friedlichen Tagen,
Damit man mein letztes Wort auch versteht
Und kann es bewahren. Seis im Gedächtnis.
Sei es geschrieben als Spruch an der Wand.
Die Liebe zum Leben ist mein Vermächtnis.
(Hab ich seinen Sinn auch nur ahnend erkannt.)

Brief. Ordinär

Auf manche Lebenslagen kann ich nur *ordinär* reagieren.
Meine Gedichtsammlung möchte ich dem Verlag
Mit folgendem Brief offerieren:
»Da habt ihr den *Mist,* macht, was ihr wollt, damit!
Druckt ihn oder nicht, ich bin sowieso damit *quitt*
Und begreife nicht, wieso ich das schreiben mußte!
Als ob ich mir weiter nichts Besseres wußte
Als Verse drechseln! Schwachsinn, vermaledeiter!
Ich hoffe nur, ich werde allmählich gescheiter
Und lebe, wie alle Leute leben,
Ohne der Menschheit gereimt davon Kunde zu geben!«
So übelgelaunt bin ich. Und die Leser meinen, ich sei
Ein Seraph an Sanftmut und fehlerfrei.
So schreiben sie mir und wollen von mir auch noch *Rat.*
Selbst die Klügsten sind *dumm* und verwechseln Dichtung
  und Tat.
Dabei sind die Worte Sekret verzweifelter Seelenzustände.
Geschleudertsein zwischen Ende, Anfang und Ende. –
Schwamm drüber! Pfeif drauf! Laß es gehn, wie es geht!

Ein Hundsfott, wer die Dichter versteht.

Sternwind

Fibröses Befinden. Unruhe. Mond.
Mond im September. Der Abend ist weiß.
Von greller Helle.
Mich quält meine Seele.
Sie will sich ergießen in Worten. Heiß
Und kalt und klar wie das Licht.
Doch ohne Begriffe bleibt das Gedicht.
Nur Schluchzen und Schütteln. Sternwind weht.
Mond im September. Das Leben vergeht.

Gram

Ich friere von innen heraus:
Ich habe Korrektur gelesen
Für meinen Gedichtband.
Nie sind die Gedichte so schlecht gewesen,
Wie sie mir heut erschienen sind:
Hohlformen für gesäuselten Wind.
Und wieder der Vorsatz: nie mehr zu schreiben
In Versen. Von nun an nur noch bei Prosa zu bleiben,
Beim nacktesten, nüchternsten Zustandsbericht.
Denn eine Droge ist das Gedicht,
Rausch, dessen man als Normalmensch sich schämt . . .
Das bin ich heute und deshalb vergrämt
Und friere von innen heraus.

Das Lächeln des Dichters

Vor drei Jahren. Auch Herbst. In Belgrad, der Stadt,
Die Straßen mit alten Platanen hat.
Ich bin da allein gegangen
Und habe die Stadt in mir angefangen
Als Bild der Erinnrung. Damals hat mir
Vasko Popa eine serbische Tasche geschenkt.
(Spontane Geste des Hausherrn.) In ihr
Ist von ihm, der an mich nicht mehr denkt
Und nicht weiß, wer ich bin, ein Lächeln bewahrt.
Ich hatte es bisher aufgespart,
Weil ich wußte, ein Tag würde einmal kommen,
An dem mir so kalt wäre und beklommen,
Daß mich nach einem Lächeln bangt,
Das mir einer gibt. Unverlangt,
Nicht Lohn und Antwort, nicht milde Gabe.
Das Lächeln Popas, das ich habe,
Traf mich als Zufall, frei von Meinung.
Und traf mich so wie die Erscheinung
Einer Königskerze, die einsam steht
Am serbischen Fels und vom Blühen geht
Ins Winterdasein als zähes Gestänge:
Menetekel der Zeit: Von solcher Strenge
Und Reife bestandener Jahre
Ist das Lächeln des Dichters, das ich bewahre
Und heut meinem kalten Gesicht auflege.
Er ahnt nichts. Und ist doch auf meinem Wege.

Schiomgwime

Den Freunden Nodar, Nico, Reso

Es rufen mich an die Oktobertage
Mit makellos wolkenlos glanzblauen Lüften!
Und endlich versteh ich den Ursprung der Frage:
Sie kommt von Georgiens Bergen und Klüften.
So war ja der Sonntag vor einem Jahr,
Da ich mit Freunden hoch oben war
In Schiomgwime, dem Felsennest
Gelehrter Mönche. Ein Lebensfest
War dieser Tag, an dem nichts geschah,
Als daß ich vom Berge in Täler sah,
Wo Leben der Neuzeit die Straßen befuhr.
Aber am Felsen war noch die Spur
Von lange vergangenem Leben zu sehn.
Die Zellen der Mönche. Nicht mehr als zehn
In dem zum Tal gerichteten Haus.
Die Galerie hing ins Tiefe hinaus,
Auf die die Kammern der Brüder führen.
Und wenn sie hier bei geöffneten Türen
Meditierten, war um sie die Leere
Des Äthers. Keine irdische Schwere
Drang an. Und es schienen die Zeiten
Lautlos zu münden in Ewigkeiten.
Die warn ein gesteigert georgischer Tag
Mit Freudenfeuern und Sphärengesängen.
Und nichts verhieß jenen Wetterschlag,
Der das Heiligenleben von diesen Hängen,
Wo es sich einst in Höhlen verbarg,
Hinfegen würde in alle Winde...
Im Kirchengewölb noch ein steinerner Sarg
Und, lächelnd, die Jungfrau mit ihrem Kinde.

Der junge Stendhal in Paris 1805

Mauserung des Genies:
Wie Staupe bei jungen Hunden.
Verletzlichkeit des häßlichen Mannes.
Geistreichelei über heimlichen Wunden,
Die Liebe schlägt. Diese Gier nach Liebe!
Die nicht käuflich ist, die den Geist erwählt.
Florettgeplänkel und Säbelhiebe:
Der Nebenbuhler wird ausgezählt
Im Tagebuch, mit Worten vernichtet.
Er weiß es längst, wie man besser dichtet.
Wenn er sechstausend *francs* Renten hätte,
Käme er los von der Schüchternheit
Und legte sich schreibend an die Kette.
Aber noch ist es nicht an der Zeit.
Er läuft in Salons, um bekannt zu werden.
Er übt sich als Mime, um sprechen zu lernen
Und studiert die natürlich-erhabnen Gebärden
Bei angealterten Bühnensternen.
Er liebt den Ruhm. Er will ihn erzwingen.
Er macht Projekte für Opern und Stücke.
Doch nichts will gehen. Nichts will gelingen.
Das weiße Papier widersteht voller Tücke
Dem Aufschwung des Herzens. Der fügt sich nicht
Zu Worten, die groß sind wie die Gedanken.
Er sieht nachts im Spiegel sein wildes Gesicht
Und kommt vom Anspruch ans Glück ins Wanken,
Der in ihm wütet: Weshalb ist er
Hineingeboren in diese Gestalt,
Die den Geist behindert? Plump und schwer
Warum? Welcher Dämon hat ihn in Gewalt

Und will ihn zwingen, einsam zu bleiben,
In der Liebe nie anders als glücklos zu sein,
Um rasend in Büchern von Liebe zu schreiben
Und im Wortrausch vom Schmerz der Wollust zu schrein?
Könnte er tauschen, er tauschte sich um.
Er würde schlank sein und leichthin leben.
Jung sein und schön sein. Reich. Läßlich dumm.
Er würde die Qual seiner Seele drum geben,
Seinen einzigen Schatz. Er kennt seine Seele.
Sie ist größer als alle, die er sonst kennt.
Er lebt schon nach ihrem strengen Befehle.
Auch wenn ihn der Neid auf die Glücklichen brennt.

Herbst in Berlin

Ich habe das gern, in Berlin zu *sehn.*
Ich seh einfach gern in fremde Gesichter.
Ich habe das gern jetzt im Herbst, wenn die Lichter
Und Lampen im Zwielicht angehn.
Es gibt in der Stadt ein perlmutternes Licht,
Das im Umkreis der Neonlampen entsteht.
Türkis-violett. Auf einer Schicht
Weißen Silbers. Schön, wenn man geht
Vom Strausberger Platz zum Frankfurter Tor
Links der Allee. Vor
Den Blumenrabatten, die Baumreihen lang.
Da sitzen die Leute Bank an Bank.
Unfesche Leute. Einfach. Viel alt.
Doch auch Jugend viel. In purer Gestalt
Das Volk dieser Stadt hält Atempause.
Raucht, schwatzt und geht gelassen nach Hause.
Mit dem Licht in sich, das zu Apfelrot reifte,
Und dem Lächeln, an das man zufällig streifte,
Als ein schönes Mädchen vorüberging,
Das ein reiner Junge wie erstmals umfing,
Nicht auf herausfordernd offene Weise,
Sondern verlegen, lächelnd und leise,
Wie Liebe in Märchen von Andersen geht.
Und das Bild dieser Stadt, das die beiden umsteht –
Kulisse unbedingt glückhafter Handlung –
Geht vom Abend zur Nacht in die nächste Verwandlung.

Beschwerde über das Verstummen der Brunnen von Pieštany im Mai 1980

Die Brunnen springen nicht dieses Jahr.
Die Vögel können aus ihnen nicht trinken.
Was immer der Grund des Versiegens war,
Vielleicht, daß man Stromkraft am Wasser spar –
Denn daß die Wasser steigen und sinken,
Dazu braucht es energetische Kraft –
Der heitre Maitag ist stumm und erschlafft,
Und nicht nur Meisen, Amseln und Finken
Und türkische Täuber sind drum verlegen,
Die sich sonst labend am Wasser erregen,
Die Federn feuchten, die Kehlen kühlen –
Auch wir sind enttäuscht in unsren Gefühlen.
Denn wenn die wechselnden Wasser rinnen,
Läßt sich so gut übers Leben sinnen,
Und einverständig mit unserem Leben,
Mit all seinem Steigen, Fallen und Heben
Im Hingang zu unseren schwindenden Zielen,
Warn wir im Mai, wenn die Wasser spielen
Um einen Drehpunkt aus reinem Nichts
Vor ihrem Fall in die fließende Zeit.

Und sahen auf die Beugung des Lichts
Im raunenden Brunnen mit Heiterkeit.

Jedan dan

Für Izet Sarajlić

In Sarajevo, der *Liebesstadt,*
Der Stadt, die ich liebe, in der ich liebe,
(Was längst Vergangenheitsform für mich hat),
Hörte ich einmal ein kleines Gedicht,
Das ich ums Leben gern schriebe,
Geschrieben hätte, wäre es nicht
Längst schon geschrieben.
Es ging um Vergängnis, Leben und Lieben.
Ich habe es auf Serbisch gehört.
Freund Izet hatte es übersetzt
Aus dem Türkischen. Die Seele verletzt
Hat es mir dennoch. Der türkische Dichter –
Seinen Namen habe ich sträflich vergessen –
Buchhändler war er, berühmter, Richter
Der Zeit, die sein Leben umgab,
Das alternde Leben des gramvollen Zechers –
Doch liebten ihn viele. Die Jugend vor allem
Verehrte den trunknen Verehrer des Bechers . . .
Nicht, weil es antimoslemisch war,
Den Weingeist zu schätzen.
Sie liebte vielmehr den Übermut,
Mit dem der Alte in ätzenden Sätzen
Den Machtmißbrauch schmähte . . .
Ich aber hörte von ihm ein Gedicht,
Darin er besang, was auf Erden gut
Und einfach schön ist: Gras, Luft und Stein.
Und immer sagte er: eins ist das Beste.
Das Schönste von dreien kann eines nur sein . . .

So ging es dahin, sein getragnes Gedicht –
Auf Serbisch, von Izet – wie epische Mär.
Und klang so sangvoll sagenvoll schwer,
Und war am Ende der Erde gleich schlicht
Und einfach wie Gras und Wolke und Stein.
So endete das ersehnte Gedicht:
Eines Tags (jedan dan) wird der Tod (smrt) das Schönste sein.
Jedan dan – smrt je nailepša . . .
Die magischen Worte sind in mir geblieben.
Und ich wünschte bei meinem endlichen Leben
Ich hätte diese Worte geschrieben.

Atem

Atem

Wieder noch einmal ist Juni geworden.
Wieder noch einmal solch eine Nacht.
Halbhelle Nacht im halbhohen Norden.
Wieder noch einmal zur Liebe erwacht.

Wieder noch einmal das sichere Wissen:
Es gibt keine höhere Weisheit als Glück.
In einem Atem zur Lust hingerissen.
Das Leben bäumt auf. Der Tod fällt zurück.

Gesegneter Juni mit seinen Jasminen,
Holundern, Rosen und all ihrem Duft.
Wie winterlich alt wir uns eben noch schienen.
Und nun diese Juninacht! Lenzjunge Luft.

Der Adler

Da aber als wir Kasbegi verließen –
Wir stießen nach Tbilissi hin ab –
Sah ich den Adler den Gipfel umfließen...
Daß ich den Adler gesehen hab
In diesem Leben, war Überfluß...
Der Adler floß wirklich, war reine Bewegung,
Schien zweckfrei zu fliegen, ohne Erregung
Durch andere Lust als Lust nur am Licht...
Ich sah ihn gleiten, sich neigen und steigen,
Wie mir die wirbelnde Fahrt das Gesicht
Wandte zurück, ihn noch einmal zu zeigen...
Noch einmal noch einmal und wiederum Kehre...
Der Blick nun begrenzt von getürmtem Gestein.
Der Himmel vor uns nun voll wolkiger Schwere.
Es ist Oktober und fängt an zu schnein.
Scheint auf die Büsche, die herbstlich rot brennen.
Frost hat die Blätter pupurn gebrannt.
Ich konnte den brennenden Strauch nicht erkennen.
Aber den Adler hab ich erkannt.

Lied stimmlos

Ich rufe den Vogel. Er folgt mir nicht mehr.
Der Vogel des Liedes fliegt nicht zu mir her.

Bin alt geworden. Das schreckt ihn so sehr.
Und ich lauf dem Vogel verzückt hinterher.

Als wär ich noch jung. Da war es nicht schwer.
Eine Rose. Ein Stern. Und schon flog er her

Und sang mir von Düften ein silbernes Meer.
Die Nachtigall war es. Und ich ging einher

In Liebe gewandet. Jetzt lieb ich nicht mehr.
Der Vogel der Liebe fliegt nicht zu mir her.

Novemberbild mit Tieren

Die Katze schleicht durch Buchenlaub.
Der Hund springt über Buchenlaub.
November ist. Das Laub ist rot.
Und Abend ist. Ist Abendrot.
Und beides Rot ist winterrot.
Die Hirten holn die Rinder ein.
Die Hunde kläffen Stein und Bein.
Gräßlich beginnt ein Reiher schrein,
Der schlief schon in der Kiefer ein.
Nun fliegt er auf ins Abendrot.
Taumelnder Flug. Wie in den Tod.
Der Tod trifft hallend in ein Reh.
Von Osten her droht schon ein Schnee.
Die Katze streunt durch Kiefernspreu.
Der Hund springt über Kiefernstreu.
Der alte Mond erscheint als neu.
Am Süderhimmel tritt er vor
Urplötzlich als ein goldnes Ohr
Aus violettem Wolkendust.
Und schwindet jäh. Wie nie gewußt
Und nie gesehn. Ein Entenkeil
Sirrt unterm Nichtmond hin. Als Pfeil
Östlich weist er zum Schwarzen See.
In seinem Richtschrei auch hängt Schnee.
Die Katze schleicht durch schwarzes Gras.
Der Hund springt über schwarzes Gras.
Das schwarze Gras ist kalt und naß.
Die letzte Rose leuchtet blaß
Im letzten Licht der Dämmerung.
Uraltes Porzellan mit Sprung,
Auf dem die Bildwelt längst verblich:
Ein Hund sprang. Eine Katze schlich.

Zwetajewa und Puschkin

Zwetajewa sagte: Fragen
Gehören nicht ins Gedicht.
Und fragte selber: Liebster,
Vermißt du mich denn nicht?
Wie lebt sichs mit einer wie üblich,
Die anders ist als ich?
Schlechter? Gehts dir wie mir, mein Liebster?
Bist unglücklich wie ich?
Ihrem Abgott aber, Puschkin,
Hat sie das Fragen verargt.
Der hatte nie in Gedichten
Mit Klagen und Fragen gekargt.
Er fragte sich und andre
Und *Gott,* wenn ihm so war.
Zarejewna Marina, drin ähnlich wie ihr Zar,
Zar Alexander der Dichter,
Des Unglücks Lieblingskind,
War nicht geboren zum Richter:
Auf beiden Augen blind...
Nur ihr wildes Herz wußte Wahrheit:
In geheimer Glut lebt sichs *weh.*
Aus Wortwirrsal tränende Klarheit.
Eistränen auf blutigem Schnee.

Nisami!

Man hat mir eine Sklavenseele eingebaut
Von Kindheit an: des Weibes Seele.
Die gibt in mir noch immer Laut
Und flüstert mir, was ich verfehle,
An Pflichterfüllung schuldig bleibe.
Kein Alibi gilt, daß ich schreibe.
»Aber das Haus ist nicht gefegt!«
Und wenn ein Dichter mich bewegt
Und ich ihm folge selbstvergessen,
Schreckt mein Gewissen mich: kein Essen
Gekocht! Ich überstürze
Mich in die Küche und erfinde,
Vermittels flammender Gewürze,
Speisen, an denen selbst der Blinde
Erkennt, daß er im Orient ist.
So gehts, wenn man Nisami liest
Und auf Basaren persisch handelt...
Hat man sich dann zurückverwandelt
Ins angestammte Weibsgeschlecht
(In einer Rolle Koch, Magd, Knecht)
Reuig, als ein geheimer Sünder,
Verbrühn als Folge sich die Münder
Mann, Söhne und die Küchengäste,
Und das Gewissen hat *Maläste,*
Weil es das nicht entwirren kann:
Bei Leibe Weib, im Geiste Mann,
Der gehn will, ohne Rechenschaft
Von seinen Handlungen zu geben.
(Ich sammle grade alle Kraft,
Die Sklavin in mir totzuleben.)

Jenseits

Requisiten des Glücks: vollkommnes Vertraun
In die Güte des Menschen, mit dem du lebst.
Deine Kinder, wie sie vertrauensvoll schaun,
Wenn du sie ihrem Schlafe enthebst:
Die wehrlosen Haare, die arglosen Augen,
Ehe die Furcht des Geschlechts sie betrübt
Und sie die fremde Empfindung ansaugen
(Und sind noch nicht im Unglück geübt...)
Requisiten des Glückes, die abgespielten,
Aus dem nie mehr zu erweckenden Stück,
Das wir für unsere Wahrheit hielten,
Als wir noch glaubten, Leben ist Glück...
Jetzt heißt es, ohne Hilfen auskommen.
Auf der leeren Bühne, im grellen Licht.
Und auch das Rollenbuch fortgenommen!
Jetzt zählt das Wort, das man selber spricht
Mit welkenden Lippen, unschönen Zähnen –
Denn Alter ist häßlich. Wer sagt, es sei schön,
Lügt sich zurecht. Weder Lächeln noch Tränen
Können das Antlitz des Alters erhöhn
Zur Schönheit der Jugend. Die sanften Wangen,
Von jungem Gewebe straff unterspannt,
Verheißen Glück und erwecken Verlangen.
Und ist die Mechanik auch allzu bekannt,
Es ist eben Jugend, es ist eben Blüte,
Und unsere Jugend ist eben vorbei...
Requisiten des Glücks. Selbst jenseits von Güte,
Sag ich: Leben ist Leben, wie immer es sei...

Pieštany

Nachts, wenn die Slowaken singen
In dem Zufluchtsort der Lahmen,
Die aus aller Welt herkamen,
Um das Leiden zu bezwingen,

Nachts, wenn die Slowaken singen
Und mit Stampfen und mit Tanzen
Die Standarte Lust aufpflanzen
Und dem Weingott Opfer bringen,

Nachts, wenn die Slowaken singen
Und wir anderen nicht schlafen,
(Selbst das Abzählen von Schafen
Kann den Schlaf nicht näher bringen),

Nachts, wenn die Slowaken singen,
Muß man sich darein ergeben
Und sich freun an ihrem Leben
Und nicht laut auf Ruhe dringen,

Nachts, wenn die Slowaken singen
Und die Erdachse verschieben,
Wie sie tanzen, muß man lieben.
Nachts, wenn die Slowaken singen.

Weiser

Ich erfahre jetzt alles, was andre erfuhren:
Verluste überwiegen Gewinn.
Rasende Zeiger an wirbelnden Uhren.
Und doch schleppt die Zeit sich ächzend dahin.

Ich erfahre jetzt alles, was alle erfahren.
Alternde Liebe wird kümmerlich.
Wird schwerer um die Schwere von Jahren.
Und auch die Söhne verlieren mich.

Ich erfahre jetzt wieder, was ich früh schon erfahren:
Habe ich nicht als Kind schon gewußt:
Unterm Herbsthimmel stehen. Wind in den Haaren.
Abend. Kalt leuchtets. Das ist die Lust.

Zugvögel schneiden mit zwitschernden Schwingen
Zischende Schneisen in Finsternis.
Schreie wie Weiser. Gesetzliches Singen.
Das übrige alles ist ungewiß.

Sprachlos

Habe ich nicht schon immer gewußt
Oder habe geahnt: die wirkliche Liebe
Ist ohne Sprache und bleibt ohne Zeichen.
Hat keine Geltung und muß doch begleichen.
Kennt wohl den Schmerz, doch kennt nicht die Lust:

Die Liebe zum Kind, der Mutter zum Sohn,
Die einzige Liebe ohne Verblassen.
Doch wollte sie sehnlich in Worte sich fassen
Und sagen: ich kann meinen Sohn nicht entbehren!
Seht ihr dies Stümpflein Licht sich verzehren?
Ihr würde nichts werden als heiterer Hohn:
Vernunft, gute Frau! Nur Mut! So gehts allen!
Und einmal muß jede Mutter verlieren,
Und dieser ist dir nur der eine von vieren,
Und noch ist nicht Krieg, und er muß noch nicht fallen!

Gealtert um Jahre, um Jahre zerbrochen,
Viel Last liegt mir auf, und wie gehe ich krumm!
Mein Sohn hat den eisernen Pflichteid gesprochen,
Zu töten gelobt. Ich leide es stumm.

Atemlos (con sordino)

Ich habe keinen Atem mehr
Für jenes Wort, das einst hieß Liebe.
Von dir zu mir geht nichts mehr her.
Wir sind jetzt aneinander Diebe.
Wir stehlen uns das Leben fort,
Das liebe Leben, ach, mein Leben!
Nur einmal noch das schöne Wort
Mit Wahrheit sagen und erbeben.
Nur einmal noch im Taumel sein,
Berauscht, geblendet und gebogen,
In einer fremden Nacht allein
An einen fremden Leib gesogen
Mit diesem Übermaß von Glück
Und fühlen: es *ist* LiebeLiebe.
Dann hin und wieder gehn ein Stück
In fremder Stadt. Und Wind durchtriebe
Unter Platanen warm die Nacht.
Und weiß das Licht der Kandelaber,
Das Höhlen aus den Bäumen macht.
In dieser Nacht gibt es kein *aber* –
Wenn es nicht Liebe ist, weh mir!
Der mich umfängt, wird mich auch meinen.
Und nichts mehr zwischen mir und dir.

Tot ist die Liebe, um zu weinen.

Beschwörung

Wenn man so alt und so trüb ist wie ich
Und Brillen braucht und die Zähne tun weh,
Dann bleibt man am besten alleine mit sich
Und treibt allein durch den treibenden Schnee
Und beschwört sich Gestalten, die einen einst kannten,
Als man wirklich war: ein freudiges Kind,
Dem von der Frostglut die Wängelein brannten
Und Füß und Hände zerfroren sind
Beim seligen Eifern in Schneedämmerungen,
Wenn Veilchenmond überm Schnee erschien...
Und haben wir schöne Liedlein gesungen,
Als Rosenwolken im Abendlicht ziehn...
Kalt kalt wars. Eisig. Eisheilge Zeit!
Ich hab ihr Gefühl innig in mir versteckt
Und heut, da es in der Dämmrung so schneit,
Mit allen Lüsten wiedererweckt,
Und bin verwandelt, bin wieder ich.
Ich bin das Kind, das keiner mehr kennt.
Nur alle die Kindelein missen mich,
Die so wie mich die Erinnerung brennt.

Zuspruch. Mir

Mit kleinen Schritten, gemessen, gemessen,
Die Strecke Weges, die schwierig ist, gehn.
Das Schöne erinnern, das Schlechte vergessen
Und schweigend die Zeichen der Hoffnung verstehn.
Denn ohnedem ists nicht: die Graugänse schreien.
Im Finsteren Tausende auf ihrem Zug
Verliern das Gesetz nicht, sich schützend zu reihen.
Und führen die Hoffnung mit sich im Flug.

Täuschung

Eine leichte Umdrehung des Herzens
Im wolkigen Abend wie Möglichkeit.
Gleich ist November und kommt meine Zeit
Der Hoffnung auf etwas wie Hoffnung,
Auf Frühling wie Frühling, auf Lust wie Lust...
Sekundenlächeln des Mondgnoms.
Und wieder von Wolken verrußt
Ist das Gesicht, ist das Lächeln...
Und wieder glimpst es hervor
Aus Veilchenwolken. Ein Fächeln
Wärmlich täuscht Frühling vor...
Und wieder die Herzumdrehung.
Die Feder im Innern zieht an.
Es gibt eine Auferstehung.
Wenn man dran glauben kann.

Rot

Des Blutahorns Blätter im Mai
(Vorwurf den Rosen, die noch nicht blühen)
Schlagen die Bläue entzwei
Und lassen die Himmel erglühen.

Schmetternder Zweiklang. Gellend. C-Dur.
Das Auge allein kann den Wohllaut nicht fassen.
Im Tränenschlunde und stockend nur
Der Atem kann ihn hinabröcheln lassen

Ins All des Lebens. Sauerstoff Glück
Durchpulst unser Blut. Lust schlägt zurück
Und Jugend Jugend die lange vorbei …
Rotroter Ahorn im blühenden Mai.

A und O

Das war doch hübsch, was ich früher schrieb:
All diese lieben Lebensberichte.
Und ist mir jetzund alles zunichte.
Ich habe mehr niemand zu haben ihn lieb,
So wie ich liebte mein liebliches Kind.
Ach, daß mir alle entkommen sind,
Die Küchlein, die ich flügelnd geschützt!
Mein Verstand ist nun, was mir am wenigsten nützt.
Er spielt und sielt sich in Lebensleere,
Während ich aber ich mich nach Liebe verzehre.
Doch woher soll sie kommen? Neu will sie mich nicht.
Und war doch Alpha und O dem Gedicht . . .
Also wortlose Sonne auf grellweißer Mauer.
Projiziert, nicht getüncht, Hieroglyphen der Trauer.

Leben

Gib, Gib!
Sprache, du Sphinx, spei die Worte aus!
Rätselnd und dunkel. Dämonenworte.
Spiegelnd und glatt. Eisgischtend kraus
Aus felsiger Quelle. Laß stürzen, laß brennen!
Wenn Worte wollen, brennt auch das Eis.
Laß mich in Worten die Wahrheit erkennen,
Die meine Seele lange schon weiß:
Das Leben ist diese Alte in Sorgen,
Die einsam am Platz in der Sonne saß.
Den Kopf in die Hände gestützt, das Antlitz verborgen.
Ob sie erinnerte oder vergaß –
Es war eine Trauer, war herzzerreißend.
Die Sonne begleißte ihr steinweißes Haar.
Und um sie lustvolle Kindelein kreisend,
Berauscht vom Tag, der schon Abend war.
Fremde Kinder, die die einsame Alte nicht sahen.
Und sie sah die leuchtenden Kinder nicht.
Beginn und Vergehn, die geschieden geschahen.
Und waren doch eins im glorreichen Licht.

Grün

Du liebes Grün, Brennesselgrün.
Die Nesseln grün am schwülen Tag,
Wuchernd wie sie den Weg umblühn,
Der hinterm alten Friedhof lag...
Links seine rote Backsteinmauer
Und rechts der schwarze Plankenzaun
Des Siechenstifts. Da hauste Trauer:
Ärmliche graue Witwenfraun.
Und schwarze Schnecken auf dem Wege.
Und Schöllkraut blühte schwefelicht.
Und von Holunder ein Gehege,
In das sich blauer Flieder flicht.
Und das Geheimnis Einsamkeit:
So klein und da allein zu gehn.
Und eine lange kurze Zeit
Allein in all dem Grün zu stehn.
Hoch überwölbt. Am Grund des Schlunds.
Der schmale Weg schloß oben zu.
Das war der Tag des ersten Bunds:
Ich und die Welt auf du und du
Im grünen Arm der Einsamkeit,
Vom Nesselatem angehaucht.
Am Wegesausgang stand die Zeit.
Das Kind ist anders aufgetaucht,
Als da es einging unbewußt
Ziellos und spielend diesen Gang...
Groß war die Angst und groß die Lust.
Einmal. Und dann ein Leben lang.

Beben

Die Zeit der nackten
Tatsachen ist gekommen.
Liebe stirbt ab. Eins nach dem andern
Wird von mir genommen.
Von ferne wogt Liebe heran:
Leser schreiben mir zärtliche Worte.
Aber an meinem häuslichen Orte,
Der einstigen Heimstatt mit Söhnen und Mann,
Schlägt Kälte aus, Nebel und Dunst.
Ich verlerne die einfache Lebenskunst,
Mich meinen Nächsten auszusprechen.
(Der Damm des Schweigens droht stündlich zu brechen.)
Die in mir kreisende Bitterkeit,
Das Todesgefühl befristeter Zeit.
Mit Todesgewißheit Suppe zu kochen!
Und Tage und Tage, Wochen und Wochen,
Jahre und Jahre Männern zu dienen
Um Lohn ihrer kindlichen Dankbarkeitsmienen!
Ich kann es nicht mehr, ich will es nicht mehr
Und verwandle mich in ein Ungeheuer.
Entschlossen, im Herde zu löschen das Feuer,
Sitz ich, als wäre nichts, neben ihnen.
Ich wirke nur mürrisch, verschlossen und alt.
Denn in mir bebt es: wartet nur, bald

Sprache

Die Gnade kommt wieder. Das Wort kehrt zurück.
So groß sprech ich von mir: Erzwort der Väter
Gnade und Segen. Kein Luftwort wie Glück . . .
Ich war in der Stummheit Verbrecher und Täter
Übelster Übel. Selbsthaß ist Sünde
Und brütet die übrigen Übel mit aus:
Gleichgültig Brechen der menschlichen Bünde
Ohne Vertrauen zu Heimat und Haus . . .
Ausgesetzt auf die treibenden Eise
Meiner Sprachlosigkeit war ich zeitlos so lang.
Polwärts gerichtet ins Nichts ging die Reise.
Kein Vogel mehr war, der über mir sang,
Nicht die Schneeammer sang, nicht der Regenpfeifer,
Der die nördlichsten Lüfte glühend durchtönt.
Nun stößt das Wort als Adler als Greifer
Gnade auf mich herab und versöhnt
Mich mit mir. Zwar die Zunge zerbissen,
Und Blut entquillt dem eröffneten Schlund,
Doch der Knebel ist wieder der Kehle entrissen,
Und Liebe flüstert im Frosthauch der Mund.
Und südliche Winde erblühn von dem Worte,
Und sommerlich wehen Düfte mich an,
Entzaubert erwach ich, erlöst von dem Orte,
An dem meine Irrfahrt ins Eisland begann.
Mit einer Freiheit, im Grauen errungen,
Bin ich in mir und von mir befreit.
Ich habe den tödlichen Selbsthaß bezwungen.
Und Gnade kehrt wieder, das Wort und die Zeit.

Friede

Es goldet sich der Himmel wieder
Mit diesem Winterabendgold.
(Durchscheinend bleich.) Gehn Wetter nieder,
Schnee Kälte Wind, zur Nacht unhold

Oder ergreift der Mond der volle
Das Zepter und fleußt Frieden aus?
Aber das Wetter sei, wies wolle.
Wenn Frieden ist in unserm Haus.

Inhalt

Lyrik

in der Sammlung Luchterhand

Eine Auswahl

Günter Grass
Die Gedichte
1953–1986
SL 754
Der Band sammelt die Gedichte, die – wie Zeichnungen und Radierungen – das Werk von Günter Grass von Anfang an begleiten: als Erprobung der Motive, als Gegenrede. Grass sagt dazu: »Das Gedicht ist immer noch das genaueste Instrument, mich neu kennenzulernen.«

Peter Härtling
Ausgewählte Gedichte
1953–1979
Nachwort von Karl Krolow
SL 290. Originalausgabe
Die vorliegende Auswahl umfaßt Gedichte aus mehr als 25 Jahren, geordnet nach Themen: Frühe Gedichte; Kindergedichte; Spielgeist; Personen; Landschaften, Orte; Liebesgedichte; Spiegelbilder.

Ernst Meister
Ausgewählte Gedichte
1932–1979
Nachwort von Beda Allemann
SL 244. Erweiterte Neuausgabe

Helga M. Novak
Grünheide Grünheide
Gedichte 1955–1980
Vorwort von Jürgen Fuchs
SL 460. Originalausgabe
»Die Dichterin Helga Novak ist stolz und wie besessen auf Wahrheit. Nach ihrer eigenen, nach der unseres Landes, nach der dieser Welt. Sie will nicht, daß die Lüge gewinnt.« *Jürgen Fuchs*

Gabriele Wohmann
Ausgewählte Gedichte
1964–1982
SL 437. Originalausgabe
»Auch als Lyrikerin beweist die Autorin ihre Kunst der Beobachtung – auch die der Selbstbeobachtung. Idyllisch sind diese Momentaufnahmen aus dem bürgerlichen Seelenleben nie.« *Darmstädter Echo*

Hannelies Taschau
Wundern entgehen
Gedichte 1957–1984
SL 642
»Hannelies Taschau verläßt sich nicht auf ihre Sensibilität. Auf ihre Aufmerksamkeit kann sie sich verlassen. Ihre Gedichte sind moderne Genrebilder, kreisen um entfremdetes Interieur, zeigen gestörte Beziehungen zwischen Menschen, das Zumutbare und das Unzumutbare, reflektieren Abhängigkeit, Mißtrauen, Angst, legen sich an mit privaten und öffentlichen Ärgernissen. Sie sind weder Abhub noch Endprodukt von Erfahrungen, sie sind diese Erfahrungen selbst.« *Nicolas Born*

Jahrbuch der Lyrik

in der Sammlung Luchterhand

Luchterhand Jahrbuch der Lyrik 1988/89
Hg. von Christoph Buchwald und Friederike Roth
SL 806. Originalausgabe
Wer sich aus erster Hand über den Stand der deutschsprachigen Lyrik informieren möchte, wer über neue Namen, Entwicklungen, Tendenzen, Traditionen und poetisches Neuland Bescheid wissen möchte, wer einen umfassenden und zugleich konzentrierten Überblick bekommen will, für den ist das Lyrikjahrbuch zum unverzichtbaren Lesebuch geworden.
Dieser fünfte Band, den Christoph Buchwald diesmal zusammen mit Friederike Roth herausgibt, enthält u. a. eine ›Vernissage‹ mit neuen Namen und Stimmen; ein Kapitel ›Blick zum Nachbarn‹, in dem (nach der holländischen und dänischen Lyrik in den vorangegangenen Bänden) diesmal die isländische Lyrikszene vorgestellt wird; Kapitelbilder von Friederike Mayröcker.

»Eine Sammlung, die durch Qualität überzeugt.«
Bayerisches Fernsehen

»Das Luchterhand Jahrbuch der Lyrik ist inzwischen eine Institution geworden.«
Frankfurter Rundschau

»Diese ganz aktuelle Lyriksammlung ist die wohl derzeit wichtigste. Dieses Jahrbuch zeichnet sich aus durch einen ungemein dichten und unterschiedlich artikulierenden Chor von Stimmen. Qualität, auch inhaltlich, in immer anderen Stimmlagen. Auf solche Vielfalt zu hören, ist außerordentlich fesselnd und gibt ein erstaunlich intensives Gefühl für die noch immer aktuellen Möglichkeiten der Literatur.«
Heinrich Vormweg, WDR

Seit 1984 erscheint das Jahrbuch der Lyrik als Originalausgabe in der Sammlung Luchterhand:
1984 SL 584. 1985 SL 685.
1986 SL 686. 1987/88 SL 687.

Autorinnen der DDR

im Luchterhand Literaturverlag

Eine Auswahl

Brigitte Burmeister
Anders oder
Vom Aufenthalt in der Fremde
Ein kleiner Roman. 288 S. Geb.

Helga Königsdorf
Respektloser Umgang
Erzählung. 116 Seiten. Leinen

Irmtraud Morgner
Amanda
Ein Hexenroman. SL 529

Leben und Abenteuer der Trobadora Beatriz nach Zeugnissen ihrer Spielfrau Laura
Roman. SL 223

Inge Müller
Wenn ich schon sterben muß
Gedichte. 136 Seiten. Gebunden

Brigitte Reimann
Die geliebte, die verfluchte Hoffnung
Tagebücher und Briefe. SL 646

Helga Schubert
Anna kann Deutsch
Geschichten von Frauen
SL 557. Originalausgabe

Helga Schütz
In Annas Namen
Roman. 272 Seiten. Leinen

Anna Seghers
Das siebte Kreuz
Roman. SL 108

Anna Seghers
Transit
Roman. Sonderausgabe
Mit einem Vorwort von Heinrich Böll
312 Seiten. Gebunden
Auch lieferbar als SL 263

Gerti Tetzner
Karen W.
Roman. SL 212

Maxie Wander
Leben wär' eine prima Alternative
Tagebuchaufzeichnungen und Briefe
SL 298

Christa Wolf
Kassandra
Erzählungen. 160 Seiten. Gebunden
Auch lieferbar als SL 455

Voraussetzungen einer Erzählung: Kassandra
Frankfurter Poetik-Vorlesungen
SL 456. Originalausgabe

Störfall
Nachrichten eines Tages
SL 777. Originalausgabe

Sommerstück
224 Seiten. Leinen
Ein Buch der Freundschaft, ein Buch der Erinnerung an einen mecklenburgischen Sommer. In ihrer den Freunden jenes Sommers gewidmeten Erzählung vergegenwärtigt sich die Autorin noch einmal jene Zeit. Ein Buch der Erinnerung – und zugleich ein Nachdenken über Aufbrüche, gescheiterte Entwürfe, Enttäuschungen.